【事例で学ぶ】

成功するDMの極意
全日本DM大賞年鑑2015

はじめに

DMという広告媒体の
本当のすばらしさを伝えていきたい

　「全日本DM大賞」は、過去一年間に企業から実際に発送されたダイレクトメール(DM)を全国から募り、優れた作品を表彰する賞です。

　マス広告と違い、受け取った人しかわからない、いわゆる「閉じた」メディアであるDMは、具体的な事例が手に入りづらく、なかなかその効果や特性を知る機会がありません。と同時に、非常に緻密な戦略に基づいて制作されたDMが、ほとんど評価されることなく埋もれてしまっているのも事実です。

　「全日本DM大賞」は、DMの入賞作品を通じ、広告メディアとしてのDMの役割や効果を広く紹介するとともに、その企画制作に携わった優秀なクリエイターたちに評価の場を提供したいとの想いから、1987年から毎年実施し、今年で29回目を迎えたものです。専門家による厳正なる審査を経て入賞した作品は、いずれも緻密な戦略に基づき制作され、かつ優れたレスポンス結果を残している成功事例です。

　本書は2009年から続いて7回目の出版となりますが、より実践的な書籍とするため、第1部「徹底解剖! 成功するDMの極意」では、受賞者への詳細な取材に基づき、各作品の成功のポイントを分析・解説しています。続く第2部「ヒト・モノが動く! 効果の上がるDMの秘訣」では、DMの最新の動向や、生活者がDMにどのように接しているのかの「生活者調査」を例年より拡大。ジャンルごとの接触態度やネットとの関連性などについても聞いています。

　ややもすると、企業側の論理だけで一方的な情報発信が行われがちな現代の情報化社会においては、いま一度「顧客との双方向のコミュニケーションのありかた」につき再考する必要があるのではないでしょうか。本書を通じ、「One to Oneコミュニケーション」を忠実に実行するのに適したツールであるDMへの知見を広げ、またその価値を再認識していただければ幸いです。

　最後に、取材・制作にご協力いただきました各広告主様・制作者様ならびに審査委員の皆様、さらに今回も企画段階からさまざまなアドバイスをいただきました宣伝会議の皆様に心から感謝申し上げます。

平成27年4月　日本郵便株式会社

【事例で学ぶ】成功するDMの極意 全日本DM大賞年鑑2015 目次

- 03 はじめに
- 06 応募作品に見るDM活用の傾向
- 08 DMガイダンス

第1部
09 徹底解剖! 成功するDMの極意
～第29回全日本DM大賞入賞作品集～

頁	賞	タイトル	企業
10	金賞 グランプリ	DM研究の集大成! 体験型ギミックとストーリー展開で気持ちを動かす 新規開拓&リピート促進DM	トッパンフォームズ
14	金賞 審査委員特別賞 クリエイティブ部門	2回目購入率が前年比126%にアップ! 初回購入から38日目を「ミツバチ記念日」として ご縁を大切にして、新規顧客に贈る「ありがとうDM」	長坂養蜂場
18	金賞 審査委員特別賞 実施効果部門	レスポンス率44%! スイーツの旅へのパスポート!	小樽洋菓子舗ルタオ （ケイシイシイ）
22	金賞	Audi フェアDM「The new Audi A8 debut」	アウディ ジャパン
26	銀賞	お客様へ贈る　Happy Birthday ～うぃずらぶより愛を込めて～	ウィズラブインターナショナル
28	銀賞	お客様からお客様へ繋がるLove Letter。 えがおを広げる"C to C型"DM	えがお
30	銀賞	高レスポンスを実現! 解約された顧客の心を再びつかんだ『カムバックDM』	ソフトバンクモバイル
32	銀賞	敏感肌女性の心と行動を動かした「ゴールデン・プログラム」	ディセンシア
34	銀賞	～ニーズの盛り上がりを捉えろ!～ 3カ月後に再び効く「ひとり2ステップ」DM	ナック
36	銀賞	フィーチャーフォンサービス終了に伴う、 上顧客へのパソコン・スマートフォンサービスでの 継続利用のお願い。	ネットプライス
38	銀賞	証券業界初! DM·WebでOne to Oneマーケティングを実現! NISAフル活用キャンペーン	みずほ証券
40	銀賞	飛鳥II 2015年世界一周クルーズ　予約者コミュニケーション強化DM	郵船クルーズ
42	銅賞 審査委員特別賞 クロスメディア部門	カドリク　powered by Square	Square
44	銅賞	DMコスト昨対70%でレスポンスは2倍! 併売も促す「年末年始おまとめDM」	いなげや
46	銅賞	～ココからココまで引っ越しました。～ うちナビの世界地図型お引っ越しDM	うちナビ
48	銅賞	新規顧客開拓　営業DMちゃん	NTTコミュニケーションズ
50	銅賞	東海地区における中小企業顧客獲得のための DMとテレマーケティング	NTTドコモ東海支社
52	銅賞	60周年の感謝の気持ちを込めて、 特別なお客さまへギフトDMでおもてなし。	オリエントコーポレーション
54	銅賞	ご紹介キャンペーンDM	泉北ホーム
56	銅賞	全日本DM大賞受賞記念&オープン3周年記念 紅茶の森のカレンダーDM	ティールーム紅茶の森

58	銅賞	デジタルメディアとDMの複合で約2倍の反響! ウイルスバスター契約更新プログラム	トレンドマイクロ
60	銅賞	健康意識が高い中高年の不安に寄り添った「お悩み相談室」DM	日清ファルマ
62	銅賞	パナホーム「ハロウィーンキャンペーン 焼割甘栗 詰め放題DM」	パナホーム山梨
64	銅賞	～POLAの扉の中に秘められた、歴史と美のノウハウ～ ブランドブックDM	ポーラ
66	プログレッシブ賞	教習所が代理店集客から直接集客へ方向転換したら大成功! 高校3年生新規獲得DM	飛鳥DC川口
67	プログレッシブ賞	呉服の老舗 銀座 越後屋「企画展・セールのご案内」DM	越後屋
68	プログレッシブ賞	動いて楽しむ! 記憶に残る暑中見舞い!	京田クリエーション
69	プログレッシブ賞	スウェーデンヒルズだより	スウェーデンハウス
70	プログレッシブ賞	スズキアリーナ富津の「アフターケア」	スズキアリーナ富津
71	プログレッシブ賞	リアル店舗と宅配事業をつなぐ、新規店舗加入者向けDM	生協の宅配おうちCO-OP （生活協同組合ユーコープ）
72	プログレッシブ賞	BLOCHトゥシューズ入荷告知1＆2	チャコット
73	プログレッシブ賞	マスメディアに注目されるニュースソースを含んだDMプロモーション	～わ～ダイニング トランブルー

※「審査会の評価点」は、最終審査における評価点を5段階で表したものです。

74 **ファイナリスト**

最終審査委員座談会
80 進むBtoB分野でのDM活用とステップメールの精緻化 ソーシャルメディア連携など新しい可能性も

84 審査委員紹介

86 第29回全日本DM大賞　概要・審査過程

第2部
ヒト・モノが動く! 効果の上がるDMの秘訣

88 DM最新潮流 デジタル時代のDMのありかたと今後の可能性
DMの位置づけ
メディアの役割の変化
オムニチャネル、クロスメディア時代のDM
通販業界におけるDMの利用状況

90 資料 DMに関する生活者調査
自宅と職場で接触態度はどう違う?
受け取った後にどのような行動を起こすのか?
Web、QRコードなど、DMを見てインターネットにアクセスするか?
受け取りたいDMの内容や業種は?　ほか

応募作品に見るDM活用の傾向

毎年、多くの企業からの応募があるDM大賞。前回、Googleがグランプリを受賞したように、ここ数年、BtoB分野におけるDM活用も広がってきている。また、今年は自動車業界の応募が目立ったことも特徴であるが、全体の傾向としては「顧客の囲い込み」に軸をおいたDMコミュニケーションが見られた。また、プログレッシブ賞を設けてから、年々該当作品の制作レベルが上昇してきている。ここでは、今回の応募作品を目的や活用法など複数の切り口から分類することで、現在、DMがどのような役割を担って使われているのかの傾向をつかみ、課題解決に対しどのようにアプローチしたかについて事例を見てみる。

①活用広がるBtoB
営業パーソンとしての役割と制作予算の向上

商品・サービスを使ってもらうためには、その企業の決定権者にアプローチできなければならない。決定権者の手元により届きやすくするため、担当レベルでは処分できない外装など目立つ外見であることが特徴である。商材の金額にもよるが、BtoCよりもDM制作にお金をかけることができることが多い。その意味するところは、DM送付を契機としてターゲットの決定権者に営業パーソンが直接会って話をする機会を得ることができることを評価し、この役割を担うDMに一定の費用をかける企業が増えてきたことによるものと思われる。また、多くの場合、DMのみを送付するだけではなく、電話によるアウトバウンドコールや営業担当者によるフォローアップを行い、よりアポイントの確率を上げていくことがBtoBにおいて有効であることも事例からわかる。

②リーチの最大化より
アクションにつながるクロスメディア手法

メディアを掛け合わせて目的達成のための効果を最大化するのがクロスメディアの考え方で、DMにおいてもそうした発想で活用された事例は数多く出てきている。ただ、肝要なのは、クロスメディア施策の中でのDMの役割が、リーチの最大化ではなくターゲットに購買などの「アクションを起こさせる」ということ。こうした施策で多いのが、送付したDMにWebサイトへのアクセスを促す仕組みがあるもの。一方で、従来型とは異なり、Webサイトでターゲット企業に対するエンドユーザーのリクエストを集め、それを"お客さまの生の声"として、DMに記載して送付することで自社サービスの効果的訴求を狙うというものがあった。ターゲット企業の顧客の声に基づいた新しいBtoBモデルといえる。さらに、ターゲット層を意識してわかりやすく丁寧なお知らせをするツールとして、DMを中心に据えてクロスメディア展開するパターンが、デジタル企業を中心に見られた点が特徴的だった。

③ロイヤル顧客化によって
既存顧客を熱烈なファンにする

消費増税の影響からか、特に今回は、「既存顧客の離反防止」や「既存顧客のロイヤル化」を目的としたDMが多かったようだ。その分、ターゲティングのさらなる掘り下げ、自社顧客データベースの活用、双方向コミュニケーションの醸成といった面がより精緻化・強化されていた。

そのような観点から自動車業界を見ると、輸入車の多くはメーカーまたは車そのものが持つブランドイメージを前面に押し出し、ターゲットを絞り込んだDMを制作していた。国産車においてよりたくさんの情報を伝えたいという狙いのDMと好対照であった。

通信販売においては、初回購入からリピート購入、その先の本商品の定期購入へとつなげる3段階、4段階のアプローチ方法が定着しつつある。データに基づく案内送付時期の見極め、その時々の顧客の状態を理解したうえでの表現などきめ細かくなってきている。今後は、パターン化しつつあるこのアプローチから新たなモデルの展開が期待される。

④理解のしやすさに向けて
進化・工夫著しい金融・保険商品のDM

金融・保険商品は、伝えなければいけないものも含めて情報量が多く、商品・サービス内容の説明が難しくなってしまいがち。そのため、DMの受取手は詳細まで読むのが大変だったり、情報が多すぎて興味そのものを持てないこともある。そうした中で今回、評価が高かったのは「顧客の立場でDMを作る」を忠実に実行したもの。イラストを多用したり必要な情報をしっかりと整理して見せたりすることで、わかりやすい作りになっていた。

また、興味関心が高いパーソナルな情報をDM上に記載することで興味を引き付けWebサイトに誘導し、そこでより個人にカスタマイズした情報を提供することで理解を促す作品もあった。そして、読んで理解した次のステップとして、申込みをしやすくCall To Action（行動喚起と自分事化）をしていた。

⑤送り手の気持ちが伝わる
コピーワークの重要性

DM制作における基礎事項は、送る相手への私信であること。つまり良いDMとは相手との関係構築につながり、より距離が縮まるものである。したがって、顧客との関係構築ができない段階で「売りたい」という営業の姿勢が強く押し出されたDMを送ってしまうと、結果が出ないだけでなく、企業のイメージ低下につながってしまうおそれがある。

そうしたDMの多くが「なぜ私にこのDMが届いたのか」という受取手の問いに対する答え（情報）が欠如している。DMはレター、パ

第29回全日本DM大賞　応募作品の傾向

	傾向	企業名	ページ数
①	活用広がるBtoB営業パーソンとしての役割と制作予算の向上	トッパンフォームズ	10
		NTTコミュニケーションズ	48
		NTTドコモ東海支社	50
		三進社	75
②	リーチの最大化よりアクションにつながるクロスメディア手法	ソフトバンクモバイル	30
		みずほ証券	38
		Square	42
		トレンドマイクロ	58
③	ロイヤル顧客化によって既存顧客を熱烈なファンにする	小樽洋菓子舗ルタオ（ケイシイシイ）	18
		アウディ ジャパン	22、74
		ウィズラブインターナショナル	26
		えがお	28
		ディセンシア	32、76
		いなげや	44
		オリエントコーポレーション	52
		泉北ホーム	54
		ティールーム紅茶の森	56
		日清ファルマ	60
		パナホーム山梨	62
		ポーラ	64
		イチバンエイトグループ	74
		かみやま農園	75
		ジェーシービー	75
		日本レクシー	76
		ビー・エム・ダブリュー	77
		フュージョン	77
		ラ・ミューテスタイル	78
④	理解のしやすさに向けて進化・工夫著しい金融・保険商品のDM	みずほ証券	38
		メットライフ生命	78
⑤	送り手の気持ちが伝わるコピーワークの重要性	ウィズラブインターナショナル	26
		ネットプライス	36
		一の坊	74
		京晴	75
		パナソニック	77
⑥	五感を刺激する紙ならではの表現・工夫が盛り込まれる	長坂養蜂場	14
		小樽洋菓子舗ルタオ（ケイシイシイ）	18
		ナック	34
		郵船クルーズ	40
		うちナビ	46
		オリエントコーポレーション	52
		泉北ホーム	54
		愛宕倉庫	74
		医療法人 新産健会 LSI札幌クリニック	75
		スタジオ・キュウ	76
		カルネヴァーレ	79
		十和田乗馬倶楽部	79
⑦	招待・案内・告知のDMは別の評価軸の設定を	小学館集英社プロダクション	75
		ダイハツ北海道販売	76
		日本ケアサプライ	76
		パナソニック	77
		北海道セキスイファミエス	77
		ほんだ菓子司	77
		マセラティ ジャパン	78
		三菱地所ホーム	78
		未来	78
		中京学院大学	79
		ティーガイア auショップ千代台	79

ンフレット、外封筒などから構成されるが、受取手がどこから読み始めるかを送り手がコントロールすることはできない。DMの構成要素すべてに「何のために送ったのか。そしてどんなベネフィットが得られるのか」が書かれているのが理想だ。そのため、短い挨拶文だけでは、役割を発揮することは難しく、本文（ボディーコピー）において、しっかりと文字数を使って書き表すことが必要な場合もある。ネット系企業において、「案内」「確認」「最後の案内」という3ステップによるレターの書き方を研究し、利用者への案内を手書き風のレターにして顧客を大事にする思いを書き込んだり、顧客との関係構築向上のためにあえてメッセージに特化した事例は高く評価されていた。

また、最近はビジュアル面において「より大きなインパクトを与える」「一瞬で理解してもらう」ことを狙った工夫が重ねられているが、一方でコピーワークがそこまで練られていないものが見受けられる。送り手の姿勢を伝え、信頼感を高めるためにも、あらためて読ませるコピーの重要性を見直し、工夫してほしい。

⑥五感を刺激する
紙ならではの表現・工夫が盛り込まれる

情報伝達の手段として、あえて紙のDMを選ぶのだから、紙の良さを最大に活かした表現・工夫をすることがさらなる効果を発揮する。例えばサイズ感。広げると両手で持つくらいの大判DMになり、そこに大きな文字でメッセージが書かれてあるというもの。また、切手がデザイン制作のきっかけとなりDMが完成し、顧客が手に取った瞬間から楽しさを伝えていたもの。さらには、パスポート風の作りで、年間を通じて顧客とのコミュニケーションを試みるものなど、顧客のステージごとにDMがコミュニケーション手段として登場するシーンは多くあり、視覚に訴求するだけではなく、紙の質感による肌触りや音が鳴る、立体的になって飛び出てくるなど、紙の良さをDMに展開できる余地はまだまだたくさんある。

⑦招待・案内・告知のDMは
別の評価軸の設定を

賞には、招待状、イベント案内・告知を目的としたDMも多く応募されており、受取手としてはもらってうれしいプレミアム感が伝わるような、クリエイティブに凝ったものが多く見受けられる。しかし、これらは新規獲得、過去顧客への再アプローチといった課題解決のためのソリューションDMと比べるとレスポンス率は当然高いものとなる。そのため、その要素を勘案しての作品の評価とならざるを得ず、今年度においては残念ながら受賞にまでいたらなかったDM事例もあった。

⑧プログレッシブ賞は次のステージへ

プログレッシブ賞は、昨年まではがきサイズのDMが多かったが、今年は大判サイズを使用することでより情報を整理しつつ、際立たせることを主眼においているものも多かった。また、ターゲットごとにオファーを試し、購入後のフォローに焦点を絞る戦略や、テーマは同じながらも、年間を通じてあえて異なったDM制作でアプローチをするもの、ターゲットを取り巻く関係者を含めた宛名を記載することで訴求力を高める工夫をするなど、いままでの枠を超えた戦略性、高品質のDMが目立った。

DMガイダンス

効果の上がるDM作成に必要な要素

全日本DM大賞も回を重ねるにつれて、「企業規模にかかわらず戦略がしっかりと考えられている」というコメントが審査委員から多く寄せられるようになってきた。ダイレクトメール（以下、DM）の面白さは、5感に訴求できるリアルな媒体であること。マーケターにとっての成功とは顧客との継続的で良好な関係を保てるような戦略の構築。そこでDMの場合、外封筒から内容品に表現されるクリエイティブ、そして成果について、どのような基準でこの特徴的な媒体を活用し、目的を果たしているのかを説明する。

戦略・クリエイティブ・成果

マーケティングコミュニケーションのほとんどは、ダイレクトマーケティングにより確立された戦略に基づいたものである。中でもDMには、ダイレクトマーケティングの要素（ターゲティング、オファー、コピー&レイアウト、タイミング）がすべて含まれ、コミュニケーションの基本が凝縮されている。具体的には下記の6つだ。

①複数のチャネルを使ってコミュニケーションとレスポンスを取る
②コンテンツの充実、個々のオファー、行動の喚起
③個々に届けられるコミュニケーション
④関連性がある双方向のやり取りで関係を継続する
⑤ターゲティングと分析にデータを取得し用いる
⑥測定可能な結果、成果、テストを通じた最適化

DM施策を行うには、上記の6つを踏まえることはもちろんだが、その前に考えるべきなのは、「何のために行うのか」を明確にすることである。つまり、競合との関係、社会問題、生活者の意識などにおいて障害となっている課題について、ターゲットに対していかに向き合い、課題を効果的に解決するのかといった戦略を明確にすることが求められるのだ。

多くのマーケターが顧客への情報発信において犯しがちな誤りは、すべての顧客が価格の安さに関心を持っているだろうと考えること。ほとんどの顧客にとってはその通りかもしれないが、すべての顧客がそうではない。顧客ロイヤリティは割引では築かれない。そうではなくコミュニケーションとサービスによって築かれることを認識し、顧客との関係を常に構築することを念頭に戦略を立案するべきだ。

今日では、メッセージ発信の目標は興味や認識を得ることではなく、「顧客行動を変化させる」ことにある。経済的衰退が起こると、マーケターは多くの見込み客、販売、集客を生み出すコミュニケーションを行おうとする。その際、見込み客がブランドコミュニケーションを目にするだけでは十分でなく、見込み客がそのブランドに引き込まれ、行動を起こす必要がある。したがって、ブランディングで使用されたツールや手法によって行動が変化せず、測定できない場合、そのクリエイティブは失敗となるのだ。

データベースを活用したマーケティングコミュニケーションでは、価格以外の要素にも重点を置くことでロイヤリティを向上させ、顧客と長期的な関係を築いていく。顧客が価格以外に期待しているものが下記の5つ。**①自分を顧客として把握してもらうこと②サービス③お知らせ④利便性⑤有用性。**顧客は自分の名前が呼ばれるような特別扱いを望んでいる。つまり"ひいき"をしてほしく、特別なサービスを望み、情報の先取りがしたいのだ。

こうした要素を提供するために、オファーが考えられ、クリエイティブ表現においては、ターゲットとしている個人（BtoC）あるいは企業（BtoB）に向けて、情報が届きかつ行動を引き起こすものが求められる。

以上のような観点で戦略を考えクリエイティブ表現に落とし込み、それがDM単体あるいは他メディアと併せて使用されたときに、目標に対してどう機能したのかで成果が評価される。そして、得られた成果を基に次の施策を考える。このPDCAサイクルを回すことがさらなる成果につながっていく。

そうしたことの積み重ねにより、近年、全日本DM大賞の受賞作品が、国際的なアワードでも受賞するなど、日本のDMによるマーケティングコミュニケーション力が高く評価されてきている。

第1部

徹底解剖!
成功するDMの極意

～第29回全日本DM大賞入賞作品集～

金賞 グランプリ	P.10
金賞 審査委員特別賞	P.14
金賞	P.22
銀賞	P.26
銅賞 審査委員特別賞	P.42
銅賞	P.44
プログレッシブ賞	P.66
ファイナリスト	P.74
最終審査委員座談会	P.80
審査委員紹介	P.84
第29回全日本DM大賞 概要・審査過程	P.86

■基礎情報の記載事項
①企業概要(主な商品、サービス、ビジネス内容)
②主なターゲット顧客層
③ダイレクトマーケティングツールの通常の活用状況

■なぜDMを使用したのか
→今回の施策でDMを選択した理由、および全体の中での位置付け

staff略号
Adv　広告主担当者
Dir　ディレクター
Pl　プランナー
AE　営業
CD　クリエイティブディレクター
AD　アートディレクター
D　デザイナー
C　コピーライター
Pr　プロデューサー
I　イラストレーター
Ph　フォトグラファー
Co　コーディネーター

金賞　グランプリ

DM研究の集大成！体験型ギミックとストーリー展開で気持ちを動かす新規開拓＆リピート促進DM

- 広告主　トッパンフォームズ
- 制作者　LABOLIS nex ＆テイ・デイ・エス
　　　　　LABOLIS PROJECT（トッパンフォームズ社内プロジェクト）

今回、トッパンフォームズは2つのDM作品をあわせての受賞となった。どちらも立体DMであることが特徴。外観で受取手の興味関心を高め、「中を開く」「同梱資料を読む」「Webサイトにアクセスする」などといった行動へとスムーズにつなげている。

上段・中段、トッパンフォームズ
LABOLIS nex
LABOLIS PROJECTメンバー

下段、テイ・デイ・エス
プロジェクトメンバー

ポスト形状の立体DM。強度が保てるよう設計に工夫した（意匠登録済み）。赤色にしたのは、届いた企業のオフィス内で目立たせる目的もある。中から挨拶状やリーフレットなどを取り出す行為は、実際の生活においてポストから手紙を取り出すという行為の"疑似体験"でもある。

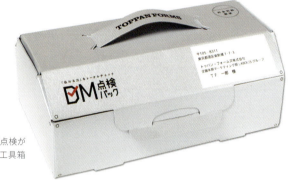

企業のDMも車検と同じように定期点検が必要というコンセプトから、外観は工具箱をモチーフにデザインした。

◆ 基礎情報　①企業概要（主な商品、サービス、ビジネス内容）②主なターゲット顧客層 ③ダイレクトマーケティングツールの活用状況

① 帳票印刷およびDPS（データ・プリント・サービス）を核としたDM、通知物発送業務に加え、BPO、マーケティング調査、販促企画、デザインなどを実施
② 通信販売、小売、流通、金融、官公庁などの一般企業
③ 自社自身のDMの活用は今回が初めて。通常は営業が得意先企業へ訪問し得意先の目標や課題をヒアリングし商談を進める一般的なBtoBスタイル

◆ なぜDMを使用したのか

（ポスト形状）DMイベントなどの来訪者フォローを担当営業の訪問のみで行っていたため、効率が良くなかったことから、過去3年以内の来訪者からDM制作業務に携わっている顧客を対象に実施。提供するDM改善ソリューションを伝える手段として、実際にDMを手にしてその改善を実感できることから、DMを送付した。
（工具箱形状）新しい企業との商談創出が目的。営業が対面アプローチを試みても、なかなか会ってもらえない状況を打破するためには、顧客の問題意識に訴えかけ、期待感を高める施策が必要と判断。そこで、100％開封してもらい、会ってみたいと思ってもらえる工夫を施したDMを送付した。

DM施策の全体図

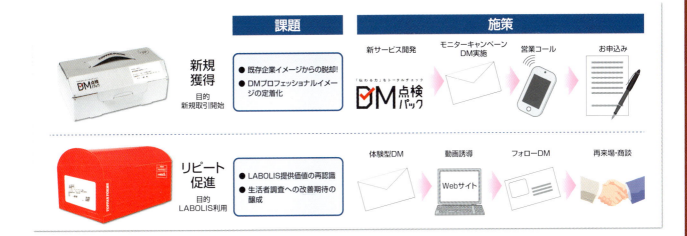

ポストをイメージした箱形DM

戦略性

DM制作に意識の高いイベント等来訪者へ送付

トッパンフォームズは、企業と生活者のコミュニケーション課題を解決する、「LABOLIS（ラボリス）」を設けている。ここでは、独自の情報収集・分析力や、科学的ソリューションによる、ダイレクトマーケティング支援のコンサルティングサービスを行っている。また、国内・海外のダイレクトメールを収集・保管する「DMライブラリ」も有している。

・マーケティング方針
　課題は、イベントなどで来訪した顧客のフォローを営業訪問のみで行っていたため、営業の効率が上がらない点であった。そこで、DMをフォロー施策として活用し、LABOLISの認知拡大・利用促進を狙った。

・販促企画
　課題解決を図るため、LABOLISの提供するソリューションの中で満足度が高い、「視線計測調査」を訴求することにした。視線計測調査をフックにして、DMの開封から改善までの流れを、DMによって疑似体験してもらおうと考えた。

・ターゲティング／リスティング
　過去3年間のLABOLISやイベントの来訪者から、DM制作に対する問題意識が高いとされる顧客。

クリエイティブ

赤いポスト形立体DMで興味・関心を喚起

DMは1信と2信の2回送付。1信の形状は、赤いポストを模して立体的に作られた。中には挨拶状やDMサンプルなど4点の書類を同梱し、開封者が「郵便ポストを開けて中の手紙を取り出す」という擬似体験ができるクリエイティブになっている。また、同梱書類には視線計測調査サービスを紹介する動画コンテンツのURLやQRコードを記載し、動画への誘導を行った。

2信は1信と連動していることをわかりやすく伝えるため、封筒表面に1信の赤いポスト形状DMのイラストを記載。1信に「あえて良くないデザインのDM」が入れてあり、それを改善したのが2信というストーリーにして関心を高めた。封筒の窓からは、特典のひとつ「DM情報ガイド」（発行：日本ダイレクトメール協会）のプレゼントの文言が見えるように工夫した。

実施効果

引き合い件数は前年同月比280％

ポスト型DMの1信の開封率は98％に達し、2信も一般的な定形封筒であるにもかかわらず、1信に同封された良くない見本が改善された、というストーリーもあり88.9％という高い開封率であった。引き合い案件数は前年同月比280％、LABOLISへの来場社数は同190％を記録した。引き合いだけでなく、1信で使用したポスト形DMの制作依頼見積などの案件も発生した。また、今回のDM施策を通じて、LABOLISスタッフと社内の営業担当者との信頼感の醸成、連携の強化も図られた。

審査会の評価点	
戦略性	★★★★★
クリエイティブ	★★★★★
実施効果	★★★★★

目的	継続顧客化／新規顧客の獲得
役割	「LABOLIS」の利用促進／"帳票印刷会社"から"DMパートナー企業"へのイメージ転換
発送数	176社・450通／227通
効果	引き合い案件数前年同月比280％、来場社数同190％／レスポンス率15.4％。ROI換算7100％の商談に発展
ターゲット	過去3年間のイベントなどの来場者の中から、DM制作に対する問題意識が高い顧客／関連セミナー来場者

■ポスト形DM 1信

CHECK POINT!
赤いポストから届いた郵便を取り出すという"疑似体験"をDMで提供。このDMを開封するときの視線の動きをサイトで公開した。

CHECK POINT!
実際の開封行動を動画で追体験
http://labolis.jp/dm/post

同梱したリーフレット類には、開封したときの視線の動きを追体験できる動画へ誘導するためのURLを記載。各リーフレットにそれぞれ異なるURLを記載し、どのリーフレットからの流入が多かったかも検証できるようにした。

赤いポスト形状の中には、挨拶状のほかに、デザインの異なる3種のDMサンプルを同封。DMサンプルの中面には、独自調査データなどを掲載した。

工具箱をイメージした箱形DM

▶ 戦略性

"DMパートナー企業"の認知を目指す

・マーケティング方針
新規顧客を開拓するにあたり、DMをフックにした商談機会を創出することが方針。ただ、DMの新規商談を増やすには、これまでの"帳票印刷の会社"というイメージを、いかに"DMのパートナー企業"へとチェンジできるかが課題だった。

・販促企画
企業が行うDM施策を、独自の基準によって客観的に評価するサービス「DM点検パック」のモニター申し込みをフックにして問い合わせを増やし、DMのソリューションを有している会社として認識してもらい商談を増やす施策とした。

・ターゲティング／リスティング
自社が主催したDM関連セミナーの出席企業。特に通信販売、金融といった業種が中心。

▶ クリエイティブ

工具箱をモチーフにした立体DM

DMも車検のように定期点検が大切との考えから、DMの形状は工具箱をモチーフに立体的に作成。同梱した挨拶状など4点の資料は、箱の中に縦方向にはさみ、立てかけるように封入。箱を開けたときそれぞれの同封物のタイトルが一覧できるようにした。これは、挨拶のレターから興味喚起、サービス理解、最後のモニター募集まで、意図したストーリー通りに資料を見てもらい、関心を高める工夫となっている。

▶ 実施効果

新規顧客の開拓に成功

モニターキャンペーンの申し込み目標30社に対し、35社が

■ポスト形DM 2信

CHECK POINT!
ポスト形状の1信と連動していることが封筒を見てすぐに伝わるように、ポストのイラストを目立つように配置。窓からは2信DMのオファー文言が見えるようにした。

1信DMの同梱リーフレットの中には、あえて開封されないと思われるデザインのDMサンプルを1種類混ぜた。2信では、それをLABOLISのソリューションで分析し、どのように改善したら効果が出るかを伝えた。

■工具箱形DM

最初に目にする緑のパンフレットにはLABOLISの調査で得られたDMに関する生活者の不満を記載。DM改善の意欲を高める工夫を施し、「DM点検パック」を紹介する青のパンフレットへの誘導効果を高めた。

CHECK POINT!
工具箱形状のDMには、挨拶レターのほか、担当営業の名刺を差し込んで、すぐに連絡できるようにした。

応募。応募企業の77％で具体的な商談に発展し、ROI換算7,100％。また、以前は営業担当者が見込み顧客を訪れても先方の担当者とは会えないことも多かったが、今回のDMにより新たな引き合いが発生し、新規顧客の開拓に成功。DMのパートナー企業というイメージの創出にも貢献した。

◆ DM診断

ここが秀逸!

ポスト形のパッケージデザインが優れており、何よりまず受け手の「開封してみたい」という気持ちと行動を喚起している。また、DMの視線計測調査が顧客の興味関心を引くということをキーにして、このDMの開封行為を視線計測した動画を見せるという仕掛けが優れている。さらに、1信に「あえて改善すべきデザインのDM」を入れて、その改善案を2信として送ることで、2信の開封率を上げるという工夫も行っている。

新規顧客獲得のためのDMについては、開封→レターからモニター申し込みの案内まで、想定したストーリー通りに自然に受け手に読んでもらえるような動線設計になっている。

審査委員講評

DMレスポンスを上げるための必要な要素を科学的に分析、読み手に理解しやすいように工夫された作品です。これを読んだ企業担当者は、ここなら成功するDMが作れると、確信する秀作です。　　伊澤正行

「会えなかったDM担当者に会う」という明確な課題を定義した上で、DMに気づく（工具箱形）→開封する（点検パック）→行動を起こす（無料モニター）というセオリー通りの流れができているのが素晴らしいです。　　佐藤義典

DM制作のプロが満を持して制作したDMなのだから金賞に選ばれて当然といえば当然。だが、モデルとなる見本として、応募用紙に書かれている戦略とその課題と対策を読み、作品をじっくり観察すれば学ぶことが多々あるはずだ。　　ルディー和子

金賞 審査委員特別賞 クリエイティブ部門

購入後38日目を「ミツバチ記念日」に はがきDMだけでリピート購入に成功

2回目購入率が前年比126%にアップ！初回購入から38日目を「ミツバチ記念日」としてご縁を大切にして、新規顧客に贈る「ありがとうDM」

●広告主　長坂養蜂場　　●制作者　フュージョン

長坂養蜂場
長坂善人氏（左）、長坂恭輔氏（右）

フュージョン
吉川景博氏（左）、佐藤雅美氏（右）

はがき1枚のDMで、リピート購入率の向上という施策目的を達成させた。広告主ははちみつの生産・販売を行う養蜂場であるため、「ミツバチ」というキーワードのもとでDM全体を設計した。再購入までの日数を見直し、早めのコミュニケーションが成果につながった。

初回購入後38日目を「ミツバチ記念日」と独自に設定し、リピート購入を促すDMを作成した。38（ミツバチ）という語呂合わせから生まれたキーワードを、企画コンセプトやオファー内容などに最大限に用いた。

◆ 基礎情報　①企業概要（主な商品、サービス、ビジネス内容）②主なターゲット顧客層 ③ダイレクトマーケティングツールの活用状況

①はちみつの生産、および直営店舗と通販（カタログ・EC）による、はちみつ・はちみつ加工食品の販売
②30〜60代の、からだに良いものへの関心が高い人や、甘いもの好きな人
③店舗・通販共通で使えるポイントカードを導入。カード会員に対し、季節に応じて年5回のイベントDMを送付。メールアドレスのある会員にはメルマガを発行

◆ なぜDMを使用したのか

長坂養蜂場では受け取った瞬間のサプライズ感の演出を重要視している事から、ほかのメディアには無い「体感（＝直接手に取れる事）」を演出できるDMを活用している。これまでもお中元やお歳暮など季節のイベントに沿ったDMは送付していたが、顧客の購買行動に沿ったDMは実施していなかった。そこで2回目購入を促進させるために、今回のDM施策の展開となった。購入者分析の結果と語呂合わせから、初回購入後38日目を「ミツバチ記念日」と独自に設定し、"勝手に"お祝いして、感謝の気持ちを届けた。「長坂養蜂場って、おもしろい会社だな」と感じてもらい、顧客との間に親しみやすさという関係性を作るため、受け取って嬉しくなる"手紙"を作成。オファーの商品券を使用した後のDMを記念に持ち帰りたいという人も多数いた。

DM施策の全体図

戦略性

購入後38日目を「ミツバチ記念日」に設定　お祝いと感謝のDMを初回購入者に送付

静岡県浜松市で、はちみつやはちみつ加工食品の生産・販売を行う長坂養蜂場は1934年創業の老舗。二代目経営者が"おいしさ"を追求し開発した「二代目の蜂蜜」などが人気商品となっている。

・マーケティング方針

静岡の店舗販売をきっかけにして通信販売のチャネルで顧客との継続的な関係を構築する。顧客コミュニケーションにおいては、DMがメインであり、販売を前面に出した企業都合色の強いものではなく、顧客に会社の良いイメージを長く持ってもらうよう個々に呼びかけるスタイルでブランディング構築を目指す。これにより長いリピーターへと成長させるのが主要な販売方針。

・販促企画

初回購入者に対して2回目の購入を促すことを目的に、購入から38日後を「38（ミツバチ）記念日」として、その前後に届くようDMを発送。90日間の期間限定の商品券を付けることで、お試しと思われる初回購入からおおむね120日後までに2回目購入を促すという施策を行った。購入後38日目を「ミツバチ記念日」とした理由は2つ。1つは「ミツバチ」との語呂合わせで、もう1つが購入者分析の結果だ。分析結果によると、3回以上商品を購入するリピート顧客は初回購入から平均74日間以内に2回目の購入をしていた。また、2回目の購入をしながら、以降買わなくなってしまう顧客は、初回購入から2回目購入まで平均120日の間隔があいていた。そこで、継続購入者の購入条件にあてはまるよう、初回購入から38日前後に次回の案内DMが届く仕組みとした。

・ターゲティング／リスティング

商品を購入し、ポイントカード会員に新規入会した人。

クリエイティブ

店舗周辺の風景をイラストに　切手の絵柄とイラストが溶け込む手法

DMの形状は、はがき。表面には長坂養蜂場の周辺の風景をモチーフに、お花畑が広がる様子、浜名湖の湖畔、みかん畑などのイラストが、かわいらしく親しみのあるタッチで描かれている。イラストを見て、長坂養蜂場のことを思い出してもらうのが狙いだ。

クリエイティブ面での大きな特徴は、DMはがきに貼る切手の絵柄が、風景イラストに溶け込むように作ってあること。ミツバチが蜜を集める様子のイラスト部分ではミツバチの絵柄の切手を貼り、浜名湖のイラスト部分では白鳥の絵柄の切手を貼るというように、切手の絵柄とバックのイラストとが溶け込みながらひとつのモチーフとして成立するよう工夫した。

審査会の評価点		
戦略性	★★★★☆	
クリエイティブ	★★★★★	
実施効果	★★★★☆	

目的	2回目購入の促進
役割	初回購入者への感謝の気持ちの伝達、おもしろい会社と思ってもらえること
発送数	8,015通
効果	2回目購入率前年比126%
ターゲット	初回購入者（ポイントカードに新規入会した顧客）

CHECK POINT!
初回購入後38日目を「ミツバチ記念日」と独自に設定したことを分かりやすく伝えた。

CHECK POINT!
お花畑が広がるイラストの上には、ミツバチの絵柄の切手を貼った。こうすることで、イラストの花の周辺を、切手に描かれたミツバチが飛んでいるようなビジュアルとなった。

CHECK POINT!
消費増税にともない2円切手を追加して貼付。バックのお花畑のイラストに合うよう、うさぎの絵柄の2円切手を選んだ。

CHECK POINT!
湖(浜名湖)が描かれたイラスト部分には、白鳥の絵柄の切手を貼付。イラストの湖の上に、切手に描かれた白鳥が浮かんでいるような効果を生んでいる。切手下部の水中部分には白鳥の足が描かれ、切手の絵柄と一体化されている。

　はがきに切手を貼る作業については地元の福祉施設に依頼。施設の方々は全てのはがきに対して、一枚一枚丁寧に切手を貼ってくれたという。はがきの裏面には「本日が○○○○様のミツバチ記念日です!!」と大きく打ち出し、本文でも「○月○日は、○○○○様が当店をご利用くださってから38日を迎えます!!」と顧客名を可変印刷して、顧客自身の「ミツバチ記念日」であることを伝えた。また、ミツバチの語呂合わせから380円の商品券をオファーとして提供し、次回購入への動機付けとした。

▶ 実施効果

2回目購入率が前年比126%にアップ「図柄がかわいい」とDMはがきが人気に

　施策の結果については、DMが届く初回購入後38日目以降から商品券の使用期限である128日目までの2回目購入率が前年比126%となり、狙い通りの効果が出た。実際のDMの受取手にとっては、緻密な購買履歴分析に基づく計算されたDMであるという印象よりも、むしろ、背景と切手が自然に溶け込んだかわいらしいデザインや、自分あてに届いたメッセージなどに自然と反応した結果だったと推測される。

　実際に、DMを受け取った人からは「切手の存在に気付かないくらい、切手の絵柄とバックのイラストがなじんでいた」「切手とイラストとの両方でデザインが構成されていることに家族が気付いてびっくりした」といった声が多く寄せられた。

　また、オファーである380円の商品券はレジで回収することになっていたが、来店客からは「商品券を利用した後のはがきを記念に持って帰りたい」という人が多数いたという。

　このDM施策は現在も継続中で、今後もDMを通して、こつこつと地道にファンを広げていく考えだ。長坂養蜂場の長坂善人氏と長坂恭輔氏は「お客さまにとって、受け取ってうれしくなる"手紙"を作ることもサービスの一環と考えています。今回のDMで『長坂養蜂場っておもしろい会社だな』とお客さまに思ってもらえたら大成功です」と語っている。

CHECK POINT!
長坂養蜂場のオリジナルキャラクター「ぶんぶん」を登場させて、親しみ感を演出。

CHECK POINT!
送り先の顧客名を可変印刷し「あなただけの記念日」という特別感を伝えた。

CHECK POINT!
商品を購入してもらったお礼の気持ちと、ミツバチ記念日としてお祝いしている旨を、手書き風フォントで伝えている。

CHECK POINT!
380円の商品券を印刷し、オファーとして提供。ミツバチとの語呂合わせから380円に設定した。

◆ DM診断

ここが秀逸!

「38(ミツバチ)」というキーワードを設定し、そこにこだわって戦略を立てて統合されている。このことが印象に残るDMになっている大きな理由のひとつ。またなぜ「38」なのかというキーワードの設定理由についても、データで検証されていて裏付けがある。「38」という、自社が独自に作ったストーリーに則っていることで、顧客にとって「38」=「長坂養蜂場」という印象が残る点が優れている。デザイン面では、切手を貼ることでその絵柄がハガキの絵柄と結び付くという仕掛けになっており、受け取った人の気持ちが楽しくなるようになっている。

審査委員講評

リピート購入につなげるため、すぐに読めるはがきを巧みに活用しています。家族で話題になる切手が隠されている仕掛け、記念日のクーポンなど、心意気を感じさせる演出が見事です。　明石智子

コンセプトの勝利。企業の"勝手なこじつけ"を笑って許せる明快なメッセージ、ほのぼのとしたイラストと色遣い、心憎い切手のチョイス。作り手も、きっと楽しかったでしょう。　大槻陽一

「みなさま」ではなく「あなた」に呼びかける、という意図で施した可愛らしいイラストや手描き風文字が効いている。手作り感が安っぽさにつながっていないのはクリエイティブの巧さ。　向田 裕

金賞 審査委員特別賞 実施効果部門

海外から届いたエアメール風DM
自宅利用に加えギフト需要を促進

レスポンス率44%！ スイーツの旅へのパスポート！

左上から、フュージョンの佐藤雅美氏、平井正和氏、木村達夫氏、KCCの吉田直哉氏、中島啓太氏、左下から、フュージョンの大畠真澄氏、KCCの佐藤ありさ氏、矢萩美帆氏、小笠原優氏、谷川由里子氏

▶広告主　小樽洋菓子舗ルタオ（ケイシイシイ）　　▶制作者　フュージョン、AMAYADORI

「旅」をキーワードに企画・実施されたDM施策。エアメール風の封筒、パスポート（旅券）形の冊子、手書き文字のメッセージなどが生み出す非日常の雰囲気と特別感の演出が、高レスポンス率など実施効果に大きな役割を果たした。

エアメールを思わせるデザインの封筒や、パスポートを模した小冊子で、「さあ、スイーツの旅へ」というDMのコンセプトを表現した。

◆ 基礎情報　①企業概要（主な商品、サービス、ビジネス内容）②主なターゲット顧客層 ③ダイレクトマーケティングツールの活用状況

①チーズケーキを主力商品とした、スイーツの生産、販売。北海道小樽を中心に店舗展開および通販を行っている
②スイーツが好きな30～40代男女。通販は主に関東圏など道外の利用者が多い。店舗利用は、周辺住人および観光客が中心
③ほぼ毎月、季節商品のお知らせを既存顧客に向けてDM送付。また、新商品の発売、新キャンペーン開始時に、メルマガ送付可能な会員に対しメルマガを送付。新規顧客の獲得施策としては、テレビによるダイレクト販売や新聞折込チラシを活用

◆ なぜDMを使用したのか

2013年度に実施した施策「スマイルパス企画」の成功を受け対象者を拡大。過去2年以内に購入した、優良会員を対象にDMを送付した。バースデー特典、送料無料特典などDMを受け取った顧客自身の利用の場面でも使える特典も充実させることで、自宅利用・ギフト利用双方から売上げアップを狙った。長期利用の特典とすることで固定客化を狙い、あえて長期保存を喚起するようにパスポート形状とした。

DM施策の全体図

戦略性

送料無料とバースデー特典で購入頻度アップ

小樽洋菓子舗ルタオはチーズケーキを主力としたスイーツの生産・販売を、北海道小樽を中心に店舗展開。また通販も行うことで、地元・観光客のみならず、全国に多くのファンがいる。

・マーケティング方針

2013年に実施した「スマイルパスポート」の施策が効果を発揮。そこで得られた知見を活かし、さらなる顧客満足度の向上・購入回数の増加を狙った。

・販促企画

既存顧客の購買頻度を上げる・購入金額を上げることを課題として取り組む中で、付与した優待特典は次の4点。①顧客の自宅および勤務先への商品送付は送料無料、②ギフト利用の場合は1年間で5件まで送料無料、③バースデー特典として顧客の誕生日にオリジナルケーキ「ガトーフルール」をプレゼント、④同じくバースデー特典として同店の一部会員だけが買える限定ケーキ「バースデーガーデン」が購入可能。

それぞれのオファーは、今回ターゲットとする顧客が、もう少しで定期顧客化する層であるため、利用の定着化を狙い、1年間利用可能な送料無料特典を付与。購入回数の増加による売上げアップを狙い、同時にバースデー特典を設定することで、誕生月の売上げアップも目指した。また、Webサイトには誕生日登録とコメントが書き込めるランディングページを設置。誕生日の未登録者に対しては、電話およびFAXで登録を促した。

・ターゲティング／リスティング

今回のDMは、前回の成功を受けて、送付対象者を拡大。同店の中から選んだ全体の約6%に対して送付。

クリエイティブ

エアメール風封筒とパスポート形小冊子で旅へのイメージ訴求を最大化

DMのクリエイティブコンセプトは「さあ、スイーツの旅へ」。洋菓子を食べることと旅行することは、ともに"非日常の楽しさ"である点が共通しているという考えからこのコンセプトが設定された。

DM封筒の周囲は赤青白の3色で縁取りし、エアメールを連想させるように仕上げ、表面には「Smile Passport」の文字をあしらって外国の郵便スタンプ風にデザインされたマークを載せた。表面の余白スペースには手書き文字で、いつも利用してもらっていることに対するお礼と感謝の気持ちのメッセージを伝えた。

封筒の中には、パスポート(旅券)を模した小冊子を封入。表紙をめくると「本パスポートの所持人は、LeTAOにとって大切なお客様であり、さまざまな特別権利を保有していることをここ

審査会の評価点		
戦略性		★★★★☆
クリエイティブ		★★★★☆
実施効果		★★★★★

目的	ギフト需要および自宅利用の拡大
役割	ギフト利用を通じての新規顧客の獲得、およびリピート購入の促進
発送数	優良顧客約6%
効果	売上全体に占めるDM送付者の売上構成比37%
ターゲット	通販利用者のうち過去2年以内の購入者の中から選んだ優良顧客

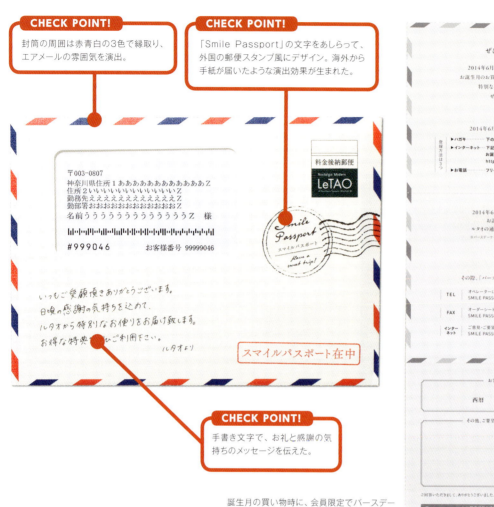

CHECK POINT!
封筒の周囲は赤青白の3色で縁取り、エアメールの雰囲気を演出。

CHECK POINT!
「Smile Passport」の文字をあしらって、外国の郵便スタンプ風にデザイン。海外から手紙が届いたような演出効果が生まれた。

CHECK POINT!
手書き文字で、お礼と感謝の気持ちのメッセージを伝えた。

誕生月の買い物時に、会員限定でバースデーケーキをプレゼントする旨を記載し、はがき、Webサイトで誕生日の登録を促した。

に証明致します。」という文言と、発行者として「LeTAO通販大臣」という文字および印鑑が本物のパスポートに似せた書体や雰囲気で印刷され、"スイーツの旅"に出る演出がなされている。

小冊子では今回のDM施策の4特典の詳細とその利用方法について丁寧に説明。ギフトについては誰に、いつ、何を送ったかを記録できるページを用意した。小冊子のほかには、今回の特典を簡易的に説明したリーフレットと、誕生日を記入し返信してもらうはがきが付いている三つ折りのメッセージカードも同梱した。

▶ 実施効果

DM対象者からの売上げが全体の37%に
実際に手で触れられるものが届くことの強み

今回のDMではデザインに力を入れるだけでなく、例えばメッセージ部分では、大切な「お客様」とするのではなく、大切な「あなた」にするなどして、言葉使いもできるだけ親近感がわくように工夫した。

こうした施策を行った結果、売上全体に占めるDM送付者の売上構成比は37%となった。

DMが届いた顧客からは「とてもよい企画」「来年の誕生日もオリジナルケーキのプレゼントを楽しみにしている」「5件までのギフト送料無料特典はとてもありがたい」など合計1554件ものコメントが寄せられた。また、届いたDMについて自身のブログやSNSに写真とともに投稿する人も多くいて、ソーシャルメディア上でも話題となった。

フュージョン 営業部ダイレクトマーケティングプランニングチーム マーケティングプランナー 大畠真澄氏は「5件のギフト送料無料特典をすべて使い切ってくれた人もいて、特典を喜んでくれたことがうかがえます。今回のDM施策はこれまでよりも一層ファンづくりにつながったと実感しています」と語る。

また、小樽洋菓子舗ルタオを運営するケイシイシイの担当者は「実際に手に触れることができるメディアだからこそ、受け取ったときの喜びが大きく、写真に撮ってSNSなどにアップしたのだと思います。DMの一番の強みである『実物が届くこと』の効果が発揮できたと感じます」と話している。

CHECK POINT!
パスポート風小冊子を開くと、本物のパスポートを模して、発行者として「LeTAO通販大臣」と印字され、文字の背景には大臣の印鑑がデザインされている。

CHECK POINT!
ギフトとしていつ、誰に送ったのかをメモできるようにして、長く使ってもらえるようにしている。

CHECK POINT!
年間のキャンペーンカレンダーを記載することで、計画を立てて購入してもらえるようにしている。

◆ DM診断

ここが秀逸！

優良顧客のさらなる購買頻度向上という目標に対して、単なる長期間有効なサービスカードの提供ではなく、「パスポート」という形態をとることで、特別感があり長期間持っておきたいと思える訴求になっている。また、計画的な来店を促すためのスケジュールページや、ギフト利用を促進するための「送付先記入ページ」も設けられている。オファーの内容とパスポートのページがしっかりと連携しているからこそ、高い成果につながった。この施策にはまだまだ顧客が「自分ごと化」する余地が残っているので、さらなる進化が期待できる。

審査委員講評

パスポートというよくある定番的手法を「自家薬籠中のもの」にしています。サプライズは少ないものの、奇をてらわず、きっちり丁寧に作り込んでいて、お店の誠実さを感じます。　　　大槻陽一

「パスポート」というアイデアが秀逸。顧客とルタオをつなげるシンボルというだけでなく、誕生日登録の仕掛けも加えて、一年中有効なオファーとしても効いています。　　　椎名昌彦

対象となる人たちへまるで一通一通書いたかのようなDMです。小さなDMですが、とにかく作りが丁寧。これもルタオのブランド形成へ大きく役立ったのではないでしょうか。オファーがとてもわかりやすく、いい意味でレイアウトを崩していて、要素も多いのに、それでいてくどくない。難しいところにチャレンジしているな、という印象でした。　　　細野晴義

金賞

情報をそぎ落とした"究極の美"
クルマづくりのフィロソフィを体感

Audi フェアDM「The new Audi A8 debut」

左から、
電通イーマーケティングワンの二井内洋一氏、
齋藤圭祐氏、
アウディ ジャパンの天野一登氏、
電通イーマーケティングワンの小林正秀氏

▶広告主　アウディ ジャパン　　▶制作者　電通イーマーケティングワン

外観から細部に至るまで徹底的にこだわり抜いた作品。その理由は、Audiのクルマづくりにおけるホスピタリティを、DMの受け手に体感してもらうためだ。商品の持つ世界観を伝えることに成功し、通常展開しているDMよりも、高い集客効果を上げた。

クリアなPP素材のスリーブケースにSDカードを封入するという斬新なデザイン。同梱資料のデザインやトーンも、必要な情報を伝えながら、Audiの最上位モデルにふさわしいものになっている。

◆ 基礎情報　①企業概要（主な商品、サービス、ビジネス内容）②主なターゲット顧客層 ③ダイレクトマーケティングツールの活用状況

①乗用車の輸入・卸売・サービス並びに部品、アクセサリーの輸入・卸売。
②40～60代の洗練された感覚を持ったハイエンドユーザー。
③通常は毎月のフェアに合わせて見込客、既存客に向けてDMを制作。そのほか、新車を告知するDMや、よりターゲットを絞ったDMも制作。

◆ なぜDMを使用したのか

欧州プレミアムカーブランドであるAudiの最上位クラス、フラッグシップモデルであるAudi A8の販売促進のため、2つのフェーズで3つのダイレクトメールを企画。1,000万円を超える高級車のためターゲットは狭く、一定の社会的地位を有する中高年層がメインとなることから、マス広告だけではなく特別感やおもてなし感をダイレクトに伝え、直接手に取って感じてもらえるDMという選択が有効と考えられる。ターゲットについては顧客セグメントを現行モデル所有者と見込客の2類型に分け、DMの内容を変えることにより、効果的にコミュニケーションを図った。

DM施策の全体図

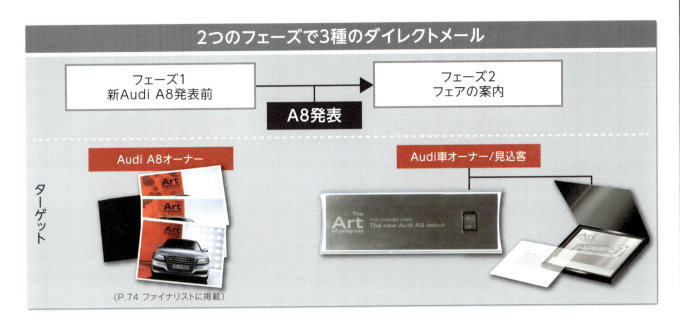

戦略性

Audi最上位クラスにふさわしい
クオリティとコミュニケーション

　Audiの最上位クラスでフラッグシップモデルでもある「Audi A8」が2014年3月にリニューアルデビューし、そのお披露目のフェアが同年5月に開催された。今回のDMはその告知・集客を目的にしたもの。

・マーケティング方針

　Audi A8は価格が1,000万円を超えるモデル。それにふさわしいコミュニケーションとして、リニューアルというニュースのインパクトのみならず、Audiのクオリティを体現することが求められた。商品の発表に合わせてテレビCM、新聞広告でも告知。同時にWebサイトもオープンして、興味を持った人がすぐに情報にアクセスできる体制を整えた。

・販促企画

　DMもその方針に沿っていながらも、一般的に連想されるDMの概念を大きく超えるものが求められた。モデルチェンジの際には、いかに来店して実車を見てもらうかが重要。今回の新型A8のリリースにおいても、クルマの高品質感を直接感じてもらえる表現が可能な媒体であるDMを届けることで、受取手の興味を喚起し、販売店への来店誘導の促進を目指した。

・ターゲティング／リスティング

　Audi A8のオーナーおよび購買ポテンシャルのある見込み顧客。年齢層は40代後半～60代のハイエンドユーザーが中心。

　Audi A8の販売促進は、2つのフェーズによる施策が企画され、3種のDMを発送した。1つ目のフェーズは、すでにAudi A8を所有しているオーナーを対象にした企画。製品が発売される前のタイミングでDMを発送し、いち早く既存オーナーにコンタクトを取って販売店への来店を促し、買い換え需要を促進させた（p.74ファイナリスト参照）。2つ目のフェーズは見込客を対象とした、販売店への集客企画。Audi車オーナーや見込み客に2種類のDMを出した。

クリエイティブ

可能な限り装飾をそぎ落として
"究極の美"へと磨き上げていくクリエイティブ

　Audi最上位モデルのDMとして、"究極の美"を体現するデザインと、開封率を高めるためのデザインとの両立が求められた。こうした条件を満たすために検討が重ねられ、最終的に完成したDMは、横長形状の透明なPP素材のスリーブケースの中に、デビュー告知のコピーと1枚のSDカードが見えるだけという斬新なもの。まるでSDカードしか入っていないかのような外観は、DMを手に取った人の興味喚起を高め、開封率のアップを目指したものだ。

　一般的なDMでは、「中を開けてみたい」と思わせるため、"お得情報"を開封前にどう見せるかに注力する場合が多い。今回のDMでは、それとは真逆の発想で実施された。情報を可能な

審査会の評価点		
戦略性		★★★★☆
クリエイティブ		★★★★☆
実施効果		★★★★☆

目的	販売促進
役割	フェアの告知・集客
発送数	非公開
効果	レスポンス率（フェアへの来場率）従来の約3倍
ターゲット	40代後半～60代の洗練された感覚を持つハイエンドユーザー

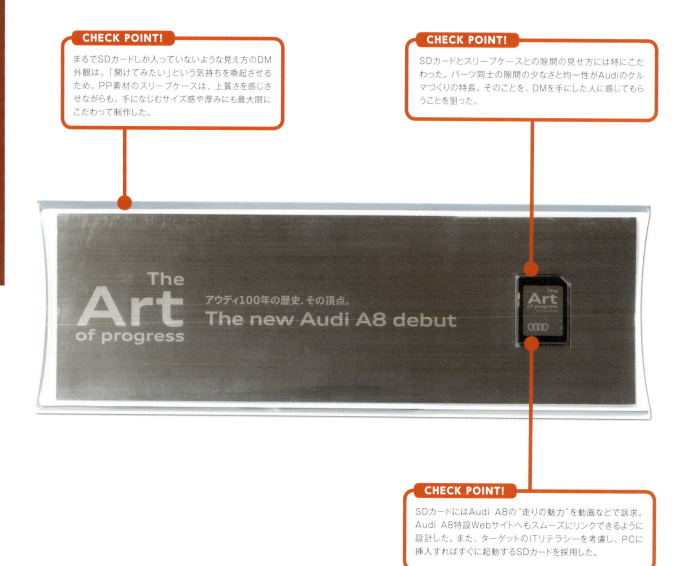

CHECK POINT!
まるでSDカードしか入っていないような見え方のDM外観は、「開けてみたい」という気持ちを喚起させるため。PP素材のスリーブケースは、上質さを感じさせながらも、手になじむサイズ感や厚みにも最大限にこだわって制作した。

CHECK POINT!
SDカードとスリーブケースとの隙間の見せ方には特にこだわった。パーツ同士の隙間の少なさと均一性がAudiのクルマづくりの特長。そのことを、DMを手にした人に感じてもらうことを狙った。

CHECK POINT!
SDカードにはAudi A8の"走りの魅力"を動画などで訴求。Audi A8特設Webサイトへもスムーズにリンクできるように設計した。また、ターゲットのITリテラシーを考慮し、PCに挿入すればすぐに起動するSDカードを採用した。

　限りそぎ落とし、Audi A8にふさわしい"究極の美"に仕上げながらも、いかに「開きたい」と思わせるかに注力した。
　開封前の見え方については、上質さを感じさせながらも手になじむサイズ感や、スリーブケースの厚みなどにこだわった。また、中に入れる紙の手触り、質感、インクの盛り方や濃度なども、細かな検証を幾度も重ねて作り上げた。スリーブケースの中には、挨拶文、商品紹介、フェア期間の金利情報、アクセサリー情報などのリーフレットを入れ、封を開けることで初めてこれらの情報に接することができる構成とした。
　SDカードとスリーブケースとの隙間は可能な限り狭くした。この隙間の見え方には特にこだわったという。電通イーマーケティングワンの二井内洋一氏は「パーツ同士の隙間が少なく、その隙間が均一であることがAudiのクルマづくりの大きな特長。そこでDMも隙間一つひとつの幅や均一性にも配慮し、ディテールの描き方にまでこだわってデザインした。これらはAudiのクルマづくりに欠かせないことであり、DMを受け取るお客さまに体感してもらいたいクオリティ」と話す。

　SDカードには、Audi A8の走りの魅力を紹介するコンテンツを収めるとともに、Audi A8特設Webサイトへリンクしていて、サイトへスムーズに送客できる導線設計となっている。SDカードを選択したのは、DMを受け取る層のITリテラシーを考慮した結果。「PCに差し込めば自動的に立ち上がる」というわかりやすさから、コンテンツへのアクセスが高まると考えた。

実施効果

通常のDMに比べ高いレスポンス率を達成 「すぐに中を見たい」という顧客の声

　レスポンス率（フェアへの来場数）は想定していた目標の約3倍を達成。アウディ ジャパンでは基本的に毎月フェアを実施し、集客にはDMを活用することも多い。今回のレスポンス率はそうしたDM施策に比べても効果が高かった。DMを受け取った人からは「すぐに中を見てみたいと思った」「SDカードが送られてき

CHECK POINT!
同封のA8シリーズを紹介する冊子も、高級感あるデザインに仕上げ、期待感を高めている。

CHECK POINT!
特別キャンペーンなどの"お得情報"は、あえて外からはわからないようにして、同梱資料で訴求した。

て、プレミアムな印象を受けた」「Audi A8に対するアウディの自信を感じた」などの声が寄せられた。

　アウディ ジャパン 天野一登氏は「手触り、質感などDMは商品が持つ世界観を体感してもらうのに一番適したメディア。使う素材一つひとつにこだわることで、DMのクオリティのみならず商品の魅力も高めることができる。情報の打ち出し方を工夫すれば、しっかり効果が現れる」と話している。

◆ DM診断

ここが秀逸！

紙の質、DMの形態など、一見して「高級車」であることが伝わる、セオリーに則ったクリエイティブになっている。特長は何と言ってもSDカードを目立つように配置して、「ここに何が入っているのだろうか？」という期待感を持たせていることと、何を見せたいかが明確になっていること。同様のことは、「DMに記載してあるURLを打ち込んでください」として見せることも可能だが、それではいくつかのステップを踏むことになり、アクセスは見込みにくい。このように演出することで、デジタルコンテンツへのアクセスを高めることに成功している。

審査委員講評

情報量を徹底的にそぎ落として、質感を目立たせるアプローチが新鮮でした。SDカードを目立たせるデザインも「映像によって語らせる」コンセプトをよく伝えています。　椎名昌彦

高級自動車はDMが最も効果を発揮することができる業種。高級感はデジタルメディアでは表現しにくいし、「あなただけ」といったパーソナル感もDM独特なもの。映像を見せる仕掛けは多々あるが、映像が効果を発揮するのは自動車ファンだからこそでしょう。　ルディー 和子

ターゲットに対して従来の外封筒に覆われた作りではなく、クリアなPP素材を使い内容品のSDカードが見える仕掛けは、期待感を誘発させた。Webサイトのみで解決せず、アナログタッチが良い。　鶴田信夫

銀賞

安心と親しみを生む 顔写真入り手作りDM

左から、ウィズラブインターナショナルの佐橋奈美氏、久松恵美子氏、井上響氏

お客様へ贈る　Happy Birthday ～うぃずらぶより愛を込めて～

▶広告主／制作者　ウィズラブインターナショナル

CHECK POINT!
手書き風のメッセージとイラストが描かれた封筒。親しい人からのお便りのような温かさを醸し出している。

戦略性

祝福のメッセージをフィーチャーすることで戦略を感じさせない戦略的DM

　ウィズラブインターナショナルは、健康食品を扱う通販会社。顧客の90％は定期購入を利用している。「一人ひとりのお客様との関係もご縁があって始まったお付き合い、感謝の気持ちを贈りたい」と定期便を始めた13年前から顧客の誕生日をお祝いしている。当初は、健康グッズやふっと笑顔になれるような雑貨をプレゼントしてきた。しかし、顧客にもそれぞれ好みがあり、すべての人に喜んでもらうことは容易ではなかった。そこで、3年前からはスタッフからの「おめでとう」メッセージとともに、定期購入代金が割引になるギフトカードを同封するようにした。このギフトカードは、顧客から返送されると次回割引が適応される仕組みとなっている。顧客の大半は2カ月ごとのお届けを選択しているため、結果的に4カ月先までの継続購入が約束された。

　誕生日に割引で新たに商品を購入できるというギフトと異なり、定期購入している商品の注文金額から割引するギフトであるため、顧客は新たな出費をさせられるという気持ちを抱くことがなく、むしろ顧客との関係をより良いものにする効果がある。

クリエイティブ

手書き風のメッセージやイラストでお便りのような温かさを演出

　売り手と買い手の双方が幸せになれる関係を目指し「心から喜んでもらいたい」という想いを込めて、スタッフ全員の顔写真と直筆メッセージを載せた寄せ書き風DMとした。手書きの文字やイラストの温かさを重視し、返信用封筒にもスタッフが書いたイラスト

審査会の評価点		
	戦略性	★★★★☆
	クリエイティブ	★★★★☆
	実施効果	★★★★★

目的	継続顧客化
役割	ロイヤル顧客化(バースデープレゼント)
発送数	517通
効果	8割以上が返信。1件当たり4回分の予約注文に相当
ターゲット	定期購入者

◆ 基礎情報

①企業概要(主な商品、サービス、ビジネス内容)
　製品GMP・オーガニック認定を受けた無添加マカの通信販売
②主なターゲット顧客層
　オーガニックに関心を持つ健康志向の女性
③ダイレクトマーケティングツールの活用状況
　定期便利用の既存顧客向けに、オリジナル新聞などの定期DMやバースデーDMを送付

◆ なぜDMを使用したのか

既存顧客のロイヤリティー向上を目的としつつ双方の利を追求した結果、「受け取った顧客が純粋に贈り物として感じる仕様ながら、定期購入継続率を向上させる効果を持つDM」に至った。

staff
Adv 谷口大介　Dir 平手美絵
AE 鬼塚翔二朗、白石三千代
AD 佐橋奈美　D 藤村ひかる、大石瞳
C 井上響　I 岸幸徳　Ph 羽田純
Co 久松恵美子

CHECK POINT!
誕生日のギフトカードは、返送してもらうことで割引適用となる。直近の1年間で、DM送付者のうち8割以上が返送している。

CHECK POINT!
スタッフ一人ひとりの顔写真と直筆メッセージで、親近感を高めている。

がプリントされているなど、低予算であってもオリジナリティあるDMとなっている。「上手でなくとも、自分たちで気持ちを伝えたい」との想いから、デザインから印刷まで社内で行っている。

実施効果

8割以上がギフトカードを返送し定期購入の継続率アップに貢献

直近の1年間で、DM送付者のうち8割以上が同封のギフトカードを返送、これは8割以上の顧客に4カ月先までの定期購入を約束してもらったこととなる。DM1件あたりにかかるコストは276円と、非常に低予算ながら大きな売上げにつながった。また、返送したカードにメッセージが添えられていることも多く、顧客とのコミュニケーションを生み出す機会になった。

◆ DM診断

ここが秀逸!
従業員一人ひとりの顔を見せ、手書きのメッセージが書いてあることで、感謝の気持ちが伝わり、信頼感の醸成に成功している。また、あえて商品の案内を入れずに、バースデーメッセージを目立たせつつギフトとして「定期購入の割引券」を付与しており、返送することで申し込みになるなど、戦略性も高い。

審査委員講評
親しみがわくデザインやメッセージに乗せて、ギフトカードを顧客に返送させる「アクション」つきのアイデアが秀逸。単なる割引施策ではあり得ないレベルのレスポンス率です。
　　　　　　　　　　　　　　　　向田 裕

銀賞

愛飲者からの直筆レターで共感と安心を!

お客様からお客様へ繋がるLove Letter。
えがおを広げる"C to C型"DM

上段左から、ダイレクトマーケティングゼロの砂河健一氏、松澤加奈子氏、えがおの鈴木有希氏、ダイレクトマーケティングゼロの田村雅樹氏、三木智絵氏、山下晋司氏、古田哲也氏、下段左から、ダイレクトマーケティングゼロの菅美沙季氏、萩原良子氏、佐々木理衣氏、小泉典子氏

▶ 広告主　えがお　　▶ 制作者　ダイレクトマーケティングゼロ

CHECK POINT!
顧客に最初に送付するDMには「感謝」の気持ちを表す工夫の一つとして、折りづるを同封している。

▶ 戦略性

愛飲者の生の声を伝えることで
企業とユーザーのW目線で説得

　健康食品通販会社のえがおは、主力商品である黒酢において、お試し購入から本品への転換率が低迷。そこで、ターゲットの共感を得つつ、いつも同社から見守られていることを感じさせるようなDM施策を行うことで転換率アップを目指した。

　まず、愛飲者から何千通とお礼や意見の手紙が届く同社の強みを生かし、すでに愛飲しているユーザーからの声をそのままレターとして同封することで受取手に共感と安心感を醸成。企業とユーザー、両方からの目線を取り入れることで説得力のアップを図った。また、飲みやすさ、価格、健康、痩身の4訴求とも、愛飲者の体験談で構成し、BtoCのDMでありながら、CtoCの要素を取り込んで自分ごと化を図った。フォロー信は、担当者が心配して再びお伺いを立てるという設定にして、えがおから見守られているような気持ちをターゲットに想起させるため、専属の担当者が「ご使用いただいていかがですか」と伺う形にした。また、ターゲットと同じく購入を迷っていたユーザーが本品を2カ月試す様子を密着取材した「体験ブック」で共感アップを狙った。

　一方、今までは商品が30日分であることから購入25日後にDMを送っていたが、日別分析をするとニーズの高まりはもっと前に起こることがわかった。そこで送付タイミングのギャップを修正し、商品もニーズの高い2パターンに変更した。

▶ クリエイティブ

手書きの手紙で丁寧さと温かさを演出
自分の未来を想像できる構成に

　愛飲者からえがおに届いている感謝の声をレターとして同封することで、企業からのDMでありながらもそれを感じさせず、受取

審査会の評価点		
	戦略性	★★★★☆
	クリエイティブ	★★★★☆
	実施効果	★★★★☆

目的	継続顧客化
役割	本品への転換
発送数	12,000通
効果	60日転換率が前年に比べ10%アップ
他媒体との連動	手紙、インバウンド
ターゲット	お試し商品購入者

◆ 基礎情報

①企業概要（主な商品、サービス、ビジネス内容）
　黒酢、ブルーベリーなどの健康食品を販売
②主なターゲット顧客層
　50代以上で健康志向の高い方
③ダイレクトマーケティングツールの活用状況
　初回の商品同梱から継続購入を促すためのDMを送付。また会員には会報誌も発送

◆ なぜDMを使用したのか

新規顧客の転換率向上のため、タイミングと商品を分析し、顧客から顧客へ直接メッセージを伝えるような形式にすることで共感と安心を与え転換率アップを狙った。また、ターゲットの年齢層を踏まえ紙（＝DM）で伝えることが心に響くと判断した。

CHECK POINT!
愛飲者の生の声を伝えるレターは、手書きにすることで丁寧さと温かさを演出。

CHECK POINT!
ターゲットと同年代の人の楽しげな様子は、愛飲を続けた場合にどんな未来が待っているかを想像できる。

staff
Dir 萩原良子
Pl 田村雅樹
AD 嶋田良之
C 萩原良子、神田裕子
Pr 田村雅樹

手が自分ごと化しやすい仕組みとした。また、購入を迷っているユーザーの声を集めた小冊子では、飲み始めからどのように効果を実感して習慣化に至ったかをリアルにレポートして実感値を高めた。健康効果の根拠となる商品説明も、冊子などでわかりやすく解説。ターゲットと同年代の人が楽しい生活を送っている姿を紹介することで、自分の未来を想像しやすいように構成している。

◆ DM診断

ここが秀逸！

封筒外見の情報量が多いのが特徴。開封前から、中にどのような情報が入っているのかがすべてわかるようになっていて、それが結果的に開封率を上げる工夫になっている。また、愛飲者レターなど、受け手の年齢も考えた文字の大きさになっていることに加え、納得感のある顧客の声の見せ方になっている。

▌実施効果

本品転換率が大幅にアップ
新たに多数のレターが舞い込むように

60日転換率は前年比で10%アップ。難易度が高いとされる後半（31〜60日）においても前年比で8%上昇した。また、DMに同封したユーザーのレターをきっかけにお礼状や推薦文が届き、1通の手紙が新たなユーザーを呼び寄せる現象へとつながっていった。

審査委員講評

えがおさんと言えば、お手本とも言うべきDMを作られる会社ですが、今回はもう変幻自在、クラフト感、パーソナル感などDMだからこそできること盛りだくさんです。通販会社としては難しいテーマに取り組み、コールセンターとの連携など、もうこのDMの凄さを書き出したらキリがないので、この辺でやめておきますが、ひとこと、スゴイです！さすが！という感じです。
　　　　　　　　　　　　　　細野晴義

銀賞

インパクトあるDMで生まれ変わった姿をアピール

高レスポンスを実現!
解約された顧客の心を再びつかんだ『カムバックDM』

▶ 広告主　ソフトバンクモバイル　　▶ 制作者　大日本印刷、トッパンフォームズ

左から、ソフトバンクモバイルの高橋政彦氏、齋藤奏子氏、曽我圭太氏

CHECK POINT!
人気のある犬のお父さん特製ステッカーを同封。あえて外から見えるように封入することで、開封率・保管率アップを狙った。

CHECK POINT!
封書・年賀はがきでの送付は私製はがきよりも効果が高かった。

▶ 戦略性

解約した顧客を取り戻すために
カムバックDMを実施

　スマートフォンの「つながりやすさNo.1」となったソフトバンクは過去に解約した顧客を対象に、生まれ変わったソフトバンクのネットワークを知ってもらい、もう一度顧客として戻ってきてもらうことを今回の課題とした。

　そこで2年前に解約した顧客のうち、DM送付の許可を得ている方に対してカムバックDMを実施。かつて利用してもらっていた感謝の気持ちを伝えるとともに、2年前とは「つながりやすさ」がまったく違うことを調査データなどで最大限アピールした。また、解約理由の分析結果を、記載内容に反映させていった。

　さらに、封書DMではクーポン型チラシを使い店頭で実施している「家族で来店すると親子丼をプレゼントするキャンペーン」を紹介したことにより顧客の来店率が上昇し、レスポンス率向上に大きく貢献した。

▶ クリエイティブ

インパクトを出すことを念頭に開発
コンペを行い評価の高い案を採用

　すでに解約した顧客にもう一度興味を持ってもらうためにはごく普通のDMでは不十分。そこで、真摯なトーンでありながらも中身を読みたいと思わせるインパクトを出すことを念頭に置き、クリエイティブやコピーの開発に取り組んだ。

　封書のDMではクリエイティブのコンペティションを行い、総勢200名を動員し選考調査を実施のうえ、「開封したくなる」「契約したくなる」という観点から、もっとも評価の高かった案を採用した。

審査会の評価点		
戦略性	★★★★☆	
クリエイティブ	★★★★☆	
実施効果	★★★★☆	

目的	新規顧客の獲得
役割	直接申込みの獲得
効果	非公開
他媒体との連動	店頭キャンペーン
ターゲット	過去に解約した顧客

◆ 基礎情報

①企業概要(主な商品、サービス、ビジネス内容)
　移動体通信サービスの提供及び携帯端末の販売
②主なターゲット顧客層
　移動体通信サービスのため特定層を設けず
③ダイレクトマーケティングツールの活用状況
　メール、SNS、DMなどあらゆるメディアをターゲットと目的に応じて使い分けている

◆ なぜDMを使用したのか

解約した顧客に再契約してもらうための効果的なアプローチ手段として、オファーなど直接手元に残せるDMを選択。高い反応を得るために仕様を工夫した。

staff
Adv 齋藤奏子
Dir 手嶋雅晴、中村拓樹
AE 新保太郎、宇野浩輔
AD 手嶋雅晴、中村拓樹

CHECK POINT!
2年前とは「つながりやすさ」がまったく違うことを調査データなどで丹念にアピール。

さらに、人気のキャラクターである犬のお父さん特製ステッカーを同封して外から見えるようにした封書タイプと、日本人の文化である年賀はがきを使用したものの2種類を送付した。

▶ 実施効果

ハードルの高いDM施策ながら良好なレスポンス率を達成

申込み獲得率は封書タイプ、年賀はがき共に獲得率が大幅に向上した。これは一度解約した顧客というハードルの高さを考えると大きな成功と言える。封書や年賀はがきは私製はがきに比べればコストがかかるが、ROIは封書で1,800%、年賀はがきに至っては6,500%となった。1通当たりの単価が高くても、適切な形状・内容を工夫して活用することで費用以上の効果が得られることを検証できた。

◆ DM診断

ここが秀逸!

テレビCMで訴求しているからこそ、DMの内容が信ぴょう性を持って伝わる。そうした連動性が強く意識されていることが効果につながっている。そもそも契約が解除されるタイミングで、しっかりと「今後もDMを送ってよい」というパーミッションを得ているからこそ成り立つ戦略なので、その面でも優れている。

審査委員講評

解約した顧客に再度契約してもらうために何が必要かを考えた作品。「2年前とは違います」というコピーなど、顧客が理由にしたであろう事項がこの2年間ですべて改善され、さらにこんな付加価値が付いたということがうまく伝えられた作品です。
伊澤正行

銀賞

インパクトある艶金大箱DMで信頼感を醸成

敏感肌女性の心と行動を動かした「ゴールデン・プログラム」

▶広告主　ディセンシア　　▶制作者　ダイレクトマーケティングゼロ

左から、ダイレクトマーケティングゼロの萩原良子氏、ディセンシアの山下慶子氏、島田智子氏

CHECK POINT!
大きくて艶金というインパクトある箱形DMで、サプライズを提供している。

CHECK POINT!
ブランドブックで商品の世界観の浸透と信頼感の醸成を図っている。

戦略性

従来の転換プログラムを刷新し転換率と定期率の同時アップを図る

　敏感肌専門スキンケアブランドのディセンシアは、トライアル購入者の本品転換率が低く、都度購入が大半を占めており、継続率のアップも課題となっていた。そこで、従来の転換プログラムを刷新し、転換率と定期率の同時アップを目指した。

　転換率の最大化を図るためには、まず日別転換率分析により、ターゲット別に転換率が高まるタイミングを特定。コミュニケーションをターゲットごとに変化させ、着信日や商品、オファーを細かく変えていった。

　また、定期加入率の最大化のために、既存顧客の購入パターンを分析し、LTV*がもっとも高くなるゴールデンルートを特定。セットで使用することと、続けることの重要性を顧客特性に合わせてオファーを変更しながら説得していった。

*Life Time Value（顧客生涯価値）の略

クリエイティブ

第一印象でサプライズを提供し信頼感と共感を高める

　初回DMはインパクトを重視しつつ、商品を大切に扱う意志を表す、余白率の高い艶金の大箱を採用した。また、おもてなしの心を優待券付きレターで表現。さらに、ブランドブックで商品の世界観の浸透と信頼感の醸成を図り、使用率アップにつなげた。その後は関係性を徐々に高め、ターゲットごとに響くよう設計。1信は正方形で「Polite（礼儀正しい）」、2信は圧着で「Push」、3信は暖色で「憧憬」とテーマを設定し、コピーやデザインを開発した。

　DMと連動してステップメールも実施。メールの送信者名を常に

審査会の評価点		
戦略性	★★★★☆	
クリエイティブ	★★★★☆	
実施効果	★★★★★	

目的	継続顧客化
役割	本品転換促進、定期加入促進
発送数	非公開
効果	本品転換率と転換者の定期率がアップ
他媒体との連動	ステップメール、専用LP*、アンケートサイト、Facebook、イベント、会報誌
ターゲット	トライアル購入者

*LP…ランディングページ

staff
Adv 山下慶子
Dir 萩原良子
Pl 砂河健一
AD 小泉典子
C 萩原良子
Pr 田村雅樹

◆ 基礎情報

①企業概要（主な商品、サービス、ビジネス内容）
　敏感肌専用のスキンケア化粧品の製造・販売
②主なターゲット顧客層
　30〜40代を中心とした敏感肌に悩みを抱える女性
③ダイレクトマーケティングツールの活用状況
　既存顧客向けの会報誌を毎月発行。また、トライアル商品購入者への本品案内のDMやメルマガを送付

◆ なぜDMを使用したのか

トライアル商品購入者の本品転換率と定期コースへの加入率を同時に上げることを狙って、特別感やおもてなし感をダイレクトに伝えられるDMを中心としたプログラムを開発した。

SILVER

CHECK POINT!
1信は正方形で「Polite」、2信は圧着で「Push」、3信は暖色で「憧憬」と、テーマ別にコピーやデザインを開発。

同じ人からの発信とし、パーソナル情報を開示することで信頼感を得ながら顧客ステータスに応じたコミュニケーションを展開した。アンケートサイトや専用ランディングページでも双方向性を持たせて顧客の共感を高め、Facebookやイベント、会報誌でも同じ担当者から情報を発信し、あらゆる顧客との接点で世界観を統一させた。

■ 実施効果

転換率・定期率に加え LTVも向上

トライアル購入者の本品転換率や転換者の定期率が大幅に向上。さらに、トライアル購入者の定期コース加入率やLTVも向上した。顧客からは「箱を受け取った瞬間、大切にされていると思った」「信頼感がだんだん増していく感じがした」などの声が挙がるなど成果につながった。

◆ DM診断

ここが秀逸!
受け取った時のインパクトが大きく、期待を抱かせるパッケージと、その期待を裏切らず、最初から顧客が喜ぶ豪華なオファーを惜しみなく出し、高いレスポンスにつなげている。次の手書きレターでしっかり気持ちに寄り添うなど完成度も高く、潜在購入可能客へ何をどう送っていけばいいのか、戦略が明快。

審査委員講評

数値分析を行って課題を導き、その課題を解決するための打ち手という戦略がきっちりとできています。顧客心理の変遷に合わせてメッセージを作り込み、お客さまのココロをがっちり捉えた良いDMです。
佐藤義典

銀賞

妊婦の心理と行動を分析し出産準備に合わせたオファーを展開

～ニーズの盛り上がりを捉えろ!～
3カ月後に再び効く「ひとり2ステップ」DM

- 広告主　ナック
- 制作者　ダイレクトマーケティングゼロ

左から、ダイレクトマーケティングゼロの佐々木理衣氏、ナックの増田丈志氏、ダイレクトマーケティングゼロの三木智絵氏、砂河健一氏

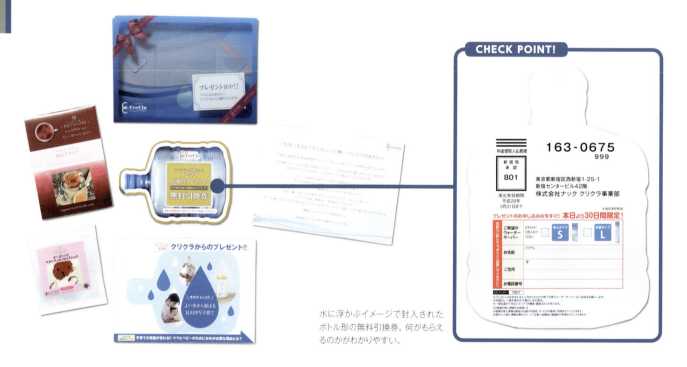

水に浮かぶイメージで封入されたボトル形の無料引換券。何がもらえるのかがわかりやすい。

戦略性

次に欲しくなる時期を見越した量のオファーを進呈

　日本全国に安心・安全な水を直接届ける「クリクラ」は、2015年1月、ライフメディア調べによる「宅配水に関する調査」において、4年連続で宅配水業界・お客様満足度No.1に選ばれる。今回、自治体が妊婦に配布する「母子健康手帳副読本」に掲載した広告からの資料請求者を対象に、無料お試しDMを実施した。さまざまなことが変化し、忙しい妊婦を対象にした施策として、DM開封率と無料お試し使用率がアップすることを目指し、企画・制作を行った。

　今回、妊婦の心理と行動を分析した結果、出産準備には子どもを産む自分のための準備と、生まれてくる子どものための準備という2回のピークがあることがわかった。そのため、1回目のピークにDMを送付して3カ月相当分の水を無料で進呈。赤ちゃんへの意識が高まる2回目のピークごろに無料分が飲み終わる量にすることで妊婦のニーズとタイミングから本品購入率を高める設計とした。

クリエイティブ

妊娠初期の女性に祝福と安心を贈る

　開封率アップのために、外装をクリア感あふれるBOXにしてほかのDMとの差別化を図るとともに、無料引換券が開封せずに見えるようにした。また、妊娠初期の女性を祝福するために、クリアな水を想起させるBOXとリボンで贈り物らしさを演出。同梱のボトル形ハガキがその水に浮かぶイメージにした。さらに、そのボトル形ハガキを無料引換券とすることで、オファーの具現化を図った。不安感の解消のために時系列で6つのシーンを提示し、オファーの6本のボトルに合わせてそれぞれ6つの理由で説得を図った。

審査会の評価点	戦略性	★★★★☆
	クリエイティブ	★★★★
	実施効果	★★★★

目的	新規顧客の獲得
役割	直接申込みの獲得
発送数	約3,000通
効果	想定を超える反応率および転換率
他媒体との連動	専用ランディングページ、Webサイト、ボトル宅配スタッフ
ターゲット	「母子健康手帳副読本」の配布を受けた妊婦

◆ 基礎情報

①企業概要（主な商品、サービス、ビジネス内容）
　宅配水のクリクラをはじめ、「住まいと生活」を軸に顧客とダイレクトにつながる
②主なターゲット顧客層
　メインターゲットは20～30代の子どもがいる女性
③ダイレクトマーケティングツールの活用状況
　妊婦やママが手に取る機会が多い雑誌などの媒体に、その媒体に合ったパンフレットなどを同梱

◆ なぜDMを使用したのか

妊婦の心理と行動分析の結果を踏まえ、受け取った時にインパクトある演出とオファー提示ができるDMでレスポンス率アップを狙った。

staff
Adv 増田丈志
Dir 佐々木理衣
D 小泉典子
C 佐々木理衣
Pr 田村雅樹

CHECK POINT!
オファーが6本のボトルであることに合わせ、選ばれる理由を6つに分けて説明した。

CHECK POINT!
なぜ妊娠時期と赤ちゃんに安全な水が必要なのかを、それぞれに合わせてわかりやすく解説。

妊婦へのお祝いの気持ちや「元気に生まれてきてほしい」というメッセージは、手に取る喜びや驚きを提供できるDMで表現。その一方で、オンライン上では先輩ママの声や投稿、子育てレシピなど「クリクラがそばにある幸せな未来像」を具体的に提示した。また、オファーであるボトルは同社の宅配スタッフが直接渡すことになるので、DMの温かみを増すとともに不安解消にもつなげた。

実施効果

反応率と転換率が大幅にアップ
マタニティ特化型フォローの有効性を証明

開封率と閲覧率は想定を超える数を達成。反応率および転換率も、今まで行ってきたほかのプロモーションよりも極めて高い数値となり、マタニティ特化型フォローの有効性を確認することができた。それを受けて今後は、紙、Web、リアルなどの全チャネルに拡大していく。

◆ DM診断

ここが秀逸!

水を想起するパッケージデザイン、かつオファーが明示されていてわかりやすい。レターの内容も、子どもが生まれる母親が感じる気持ちに寄り添っている。申込用紙をボトルの形状にすることで目立たせ、さらにプレゼントのボトルを送る時期を妊婦の気持ちのサイクルに合わせるなど工夫がなされている。

審査委員講評

ターゲットの設定、そしてターゲットの心理や行動分析からDMを郵送すべきベストタイミングの設定……こういった基本中の基本がきちんとされていなければ、クリエイティブがいくら良くても開封率や反応率は高くならない。
ルディー 和子

銀賞

「親書」らしく社長直筆の文章で挨拶と案内状を送付

フィーチャーフォンサービス終了に伴う、上顧客への
パソコン・スマートフォンサービスでの継続利用のお願い。

▶広告主／制作者　ネットプライス

左から、ネットプライスの肥前利朗氏、三根俊輔氏、長島徹氏、木村慶太氏、濱島尚弘氏

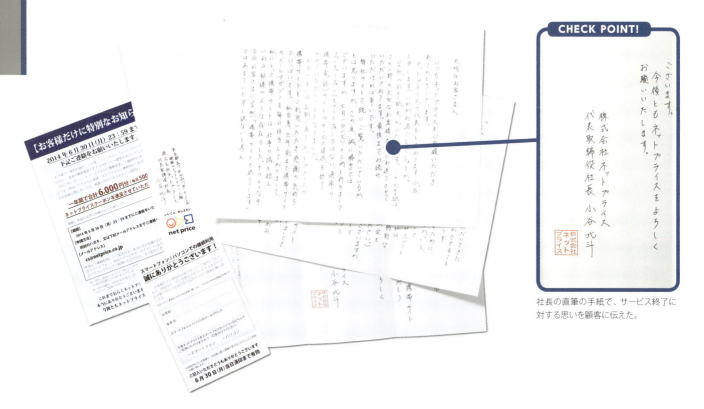

CHECK POINT!

社長の直筆の手紙で、サービス終了に対する思いを顧客に伝えた。

▶戦略性

顧客の心理や行動に寄り添うコミュニケーション設計

　通販サイトを運営するネットプライスは、1999年より、フィーチャーフォンを主軸にサービスを展開。以降、2014年6月までフィーチャーフォン・パソコン・スマホの3本柱で営業してきた。しかし、同年7月にフィーチャーフォンによるサービス終了を決定。そのことをお知らせする手段としてDMを選択した。フィーチャーフォンを使用して買い物をしている優良客を対象に、今後もスマホやパソコンで継続して利用してもらうために、サービス終了の3カ月前から3回に分けてDMを発送。最終週にはリマインドメールを配信するなど手厚くフォローした。

　具体的にはダン・ケネディの「3ステップ・レター」を参考に、顧客の心理や行動に寄り添うコミュニケーションを設計。一度にすべての人に反応してもらおうとせず、段階を踏まえてトータルのレスポンス率アップを狙った。実際の結果としても、毎回ほぼ同数の反応を得られた。また、DMのレスポンス率だけ高い短期的な顧客にならないように、継続利用を決めた顧客にはアフターケアも毎月実施した。さらに、顧客からの返信手段としても、同封の返信ハガキだけでなく専用メールアドレスを作り、都合に合わせて返信しやすくした。

▶クリエイティブ

社長直筆の手紙で思いを伝え切手を貼り、宛名は手書きに

　1通目は社長からの挨拶と案内状で、「親書」をテーマに制作。A4用紙3枚に、サービス終了に対する社長の思いを伝える直筆の文章を印刷して三つ折りにし、最後に社印も印刷した。封筒と紙は上質なものを使用。企業からの手紙と感じさせないように別納印などではなく切手を貼り、宛名は全社員で手書

審査会の評価点	
戦略性	★★★★
クリエイティブ	★★★★☆
実施効果	★★★★★

目的	継続顧客化
役割	サービス終了および継続利用の案内
発送数	1,603通
効果	継続利用申請率48%
他媒体との連動	自社フィーチャーフォンサイト、Eメール
ターゲット	フィーチャーフォン利用の超優良顧客

◆ 基礎情報

①企業概要（主な商品、サービス、ビジネス内容）
　365日、毎日会いたくなるサイトを運営。衣食住、全てにかかわる商品を販売
②主なターゲット顧客層
　30〜40代の、毎日を楽しみたい女性
③ダイレクトマーケティングツールの活用状況
　顧客との継続的な関係づくりで毎月DMを送付。また、不定期でセールの案内や特別案内などでも使用

◆ なぜDMを使用したのか

フィーチャーフォン向けサービス停止に伴う案内を上位顧客への丁寧な思いとして伝達しつつ、段階を追って確実に目に留めてもらうためDMを活用。

staff
Dir 三根俊輔
AD,D,C 濱島尚弘

社長や社員の顔写真を掲載することで、送り手の顔が見えるコミュニケーションを設計している。

スマホを使うとどうなるのかを、実際に社員が行うことでわかりやすく伝えている。

きした。
　2通目は、フィーチャーフォンを使用していた社員がスマホに機種変更した様子を伝える小冊子。3通目はすぐに一連のお知らせを思い出してもらえるようにB5サイズで案内を送り、最終週にリマインドメールを送信した。

実施効果

他サービスへの移行というお願いながら多くの継続利用申請を獲得

　フィーチャーフォンからスマホへの乗り換えや、パソコン利用に移行してもらうという高いハードルながら、DM送付数に対して反応率は48%を達成。顧客の年間購入金額に換算して2億3000万円分の継続利用申請があった。サービス終了による上位顧客の流出を止め、翌年の売上げに影響が出るのを防ぐことができた。

◆ DM診断

ここが秀逸!

挨拶状を代表者名で書くなど、ストーリー含めた基本的な設計がしっかりしている。それに加え、デジタル系サービス会社があえて手書きのレターにしていることで顧客の印象に残る。本来サービスの終了というのは企業都合なのだが、これによって"大事にしてくれている"という気持ちを引き出している。

審査委員講評

「ネット企業なのにアナログ?」という楽しい"裏切り"がありました。手作り感ぷんぷんの手書き。特に、社長の、多少臭さはあるものの、縦書き、3枚のレターには感心しました。
　　　　　　　　　　　　　　　大槻陽一

銀賞

顧客別アプローチで一人ひとりの特別感を演出

証券業界初! DM・WebでOne to Oneマーケティングを実現!
NISAフル活用キャンペーン

▶ 広告主　みずほ証券　　▶ 制作者　トッパンフォームズ

左から、みずほ証券の山岸雄氏、山内芽衣子氏、高松重信氏

CHECK POINT!
今回のDMではエリアごとのセミナー誘致の内容を盛り込んだ。これによりセミナー誘致単独でDMを行わなくて済み、制作・発送コストを削減した。

戦略性

顧客に応じて異なるDMを送付パーソナル情報を記載

　みずほ証券は、NISA口座の開設・利用促進に向けた顧客別アプローチをDMと専用Webサイト、モバイルで連動して行った。顧客セグメントを8つに細分化し、セグメントに応じて異なる内容のDMを送付。DMにはNISA口座の利用可能額などパーソナル情報を記載した。さらに、個別QRコードおよびID・パスワードを付与し、特別に開設したセグメント別のWebサイトに誘導。個別性の高い情報提供を行うことで、NISA取引の活性化、セミナー誘致、メールアドレス取得などを図った。

　従来の課題として、DMでは伝達可能な情報量が限定的でレスポンスも測定が困難ということがあったが、Webサイトと連動することで情報量を拡大できたうえ、レスポンス状況をリアルタイムで確認できるようになった。

　また、証券業界のルールとして、75歳以上の高齢者の方には、株式などのリスク商品を金融機関側から案内することができない。しかし今回、バリアブルDMとWebサイトの活用で、DMおよびWebサイトのパターンを顧客の属性に合わせて複数作成。75歳以上の株式などの商品案内ができない顧客向けと、75歳未満の顧客に対する情報を出し分けるなど、個人別のコンテンツを構成。すべての対象顧客にDMを送付することができた。また従来はセミナー誘致のみでDMを行っていたが、今回はNISA口座の案内DMの中にセミナー誘致の内容を盛り込んだことで一元化。制作・発送コストの削減にも成功した。

クリエイティブ

顧客ごとに提供する情報を変え興味を喚起しながらWebサイトへ誘導

　顧客セグメントに応じ、DMとWebサイト、それぞれで提供する

審査会の評価点
- 戦略性 ★★★★☆
- クリエイティブ ★★★☆☆
- 実施効果 ★★★☆☆

目的	継続顧客化
役割	注文促進、Web・モバイルサイト誘導、休眠顧客の活性化
発送数	500,000通強
効果	多数のNISA口座獲得、実利用およびメールアドレス獲得、セミナー申し込み
他媒体との連動	Webサイト、キャンペーン実施、セミナー開催など
ターゲット	NISA口座未開設者、口座開設者

◆ 基礎情報

①企業概要（主な商品、サービス、ビジネス内容）
　証券業、NISAを通じた投資家の裾野拡大に取り組む
②主なターゲット顧客層
　20〜40代の資産形成層
③ダイレクトマーケティングツールの活用状況
　マーケット情報の提供に加え、新商品などを案内するDMを送付。メルマガも毎週発信

◆ なぜDMを使用したのか

NISA2014年枠の利用が、12月末までであることを認識してもらい、NISA口座の早期申し込み、あるいはNISA口座の実利用を促進するため、確実に手元に残るDMを使い、特設Webサイトに誘導し、投資情報など顧客の属性に合った情報を提供した。

staff
Adv 山内芽衣子
Pl 片山洋臣
AD 藤原康寛
Pr 兵藤誠

CHECK POINT!
NISA口座開設者向けに利用可能額などパーソナル情報を記載することで、顧客の特別感を演出。

CHECK POINT!
QRコードの活用により、スマートフォンからのアクセス数が増加、若年層の取り込みにも成功した。

情報の内容や順番を変更して訴求した。DMはバリアブル印字により、顧客一人ひとりに対して特別感を演出。顧客の興味を喚起し、詳細情報のあるWebサイトへ誘導する流れを作ることに成功した。Webサイトのコンテンツは多彩な情報を雑誌風のデザインにし、興味を持って読んでもらえるように工夫。また、若年層の取り込みを図るため、DMにはQRコードを入れた。

実施効果

**想像を超えるアクセス数を獲得
口座利用、セミナー出席などで好結果**

施策の結果、非常に多くのNISA口座が新たに利用された。また、DMと連動したWebサイトへのアクセス者数、訪問率とも高い結果を残した。DMと連動した専用Webサイトでは、ここで誘導したセミナー出席に対してもレスポンスが高く、Webサイトからのメールアドレス登録者数もかなり多数となった。さらに、QRコードの活用により、Webサイトにはスマートフォンからのアクセスが大半をしめ、若年層の取り込みにも成功している。

◆ DM診断

ここが秀逸!
ターゲティングを細かく行って、掲載する情報をブロックごとに出し分けるなど基本をおさえつつ、顧客にとって重要な金額情報を目立たせている。パーソナライズされたDMとWebサイトで、「自分ごと化」されており、一般的には利用ハードルが高いと言われる金融商品・サービスのハードルを下げることに成功している。

審査委員講評

取引状況に合わせて個別のDMを届け、Webサイトへの誘導に成功しています。一人ひとりに有益なメッセージを、限定感を持って伝えており、金融での新しいDM活用を予感させる好例です。
明石智子

銀賞

全3回のDMで完成する大判世界地図で世界一周を疑似体験

飛鳥Ⅱ2015年世界一周クルーズ
予約者コミュニケーション強化DM

▶広告主　郵船クルーズ　　▶制作者　富士ゼロックス、イワキデザイン室

左から、富士ゼロックスの清水聡子氏、郵船クルーズの歳森幸恵氏、松原祐基氏、小松﨑有子氏、熱田健二氏、富士ゼロックスの荒木裕子氏、古川大氏

CHECK POINT!
出航から帰国までの航路を3分割した大判地図は、全3回のDMで完成。旅行への期待を高める。

戦略性

予約キャンセル抑止のための One to Oneメッセージを設計

　飛鳥Ⅱは郵船クルーズが保有する日本随一のクルーズ客船。世界一周クルーズは同社の主力商品で、約100日間で世界一周する旅行企画だ。

　例年、予約者数は定員を大幅に超過するものの、予約後のキャンセルにより、結果として空室が出ることが課題であった。このため、予約者の乗船モチベーションを向上させるコミュニケーションにより、キャンセルの抑止を図った。

　予約者の大部分を占めるシニア富裕層を対象に、同社のおもてなし・サービスの質の高さを体現するには、One to One DMが有効と判断。キャンセルの発生がピークとなる前に計3回のシ

リーズDMを届ける事で、期待感を維持・継続させるようにした。

　紙面には寄港地紹介やオプショナルツアーの告知を掲載。また、出航から帰国までの航路を3分割し、全3回のDMで完成する世界地図と、記事風の情報で世界一周を疑似体験してもらい、地図を完成させたいというモチベーションを喚起して、キャンセル抑止を図った。レターやツアー紹介は、申し込みコースや年齢、乗船履歴などの顧客データを用い、細やかなOne to Oneメッセージを設計した。

クリエイティブ

3回で完成する大判地図が冒険心とロマンをかき立てる

　全3回のDMで完成する大判世界地図は、紙のDMならでは

審査会の評価点	
戦略性	★★★★
クリエイティブ	★★★★☆
実施効果	★★★★

目的	継続顧客化
役割	顧客コミュニケーション、キャンセル抑止
発送数	1,089通
効果	キャンセル率が4.5ポイント減少
ターゲット	世界一周クルーズ予約申込者

staff
Dir 小林奈穂　PI 清水聡子　AE 古川大
AD,D 岩城将志（イワキデザイン室）
C 渡邉昌美　DA（データアナリスト）鈴木真琴
SE（可変プログラム開発）守屋尚、徳永龍紀、畝村翼、播磨淑子

◆ 基礎情報

①企業概要（主な商品、サービス、ビジネス内容）
　クルーズ客船「飛鳥Ⅱ」の運航、クルーズ商品の企画開発、集客など
②主なターゲット顧客層
　飛鳥Ⅱ2015年世界一周クルーズ予約者
③ダイレクトマーケティングツールの活用状況
　会員に向けてニュースやクルーズ案内をお知らせする機関誌「飛鳥」をDM送付

◆ なぜDMを使用したのか

飛鳥Ⅱ世界一周クルーズの予約後のキャンセル抑止には、顧客との継続的なコミュニケーションによるモチベーション向上が必要。クルーズのおもてなし感と世界一周というコンセプトを表現するためにはDMが最適だった。

CHECK POINT! 20回目の世界一周を飛鳥様とともに！
顧客の名前を入れ、自分だけに届いたDMであることを感じさせている。

CHECK POINT! データをもとに顧客に最適なオプショナルツアーを紹介。バリアブルで印刷されている。

CHECK POINT! 地図上に旅程のメモ欄を設けることで、いつ何をしようかという計画を書き込みたくなるようにしている。

のもの。世界一周という冒険心とロマンをかき立てることを狙った。顧客セグメントからDMのパターン数を決定し、機能面と美しさの両立を求めた。その上で、紙面には顧客名と予約コースを事前印字し、パーソナライズが図られている。毎回、DMには航路に沿った寄港地・最新情報などのコンテンツ企画、オプショナルツアーのレコメンドを顧客に合わせて印字。受取手にとって魅力を感じる情報を掲載するために、顧客セグメントのパターンと企画内容がリンクするような構成・デザインとした。

▶ 実施効果

キャンセル率が低下し機会損失を大幅に抑える

施策を行ったことで、直近3年と比較してキャンセル率が4.5ポイント減少。商品単価が高額であるため、機会損失を大幅に食い止めた。マーケティングROIは2,740%を達成。顧客からは「地図を自宅に飾っている」「船室の壁にも貼りたい」「出航がより楽しみになった」「自分の名前が入っていてうれしかった」などの声が届いた。

◆ DM診断

ここが秀逸！

世界一周の船旅というステイタスある商材であるという特徴を大いに生かしている。3回に分けて届くDMをつなげると世界地図とともに旅程が完成するという仕掛けも臨場感があり、自ら予定を書き込めるようになっていることも、旅の「自分ごと化」を一層高めている。それがキャンセル率低下につながった。

審査委員講評

キャンセル客の削減という課題に、個別DMを上手に活用。3通をあわせると貼って楽しめる大判の旅程地図になるなど、DMの特性を追求し、旅への昂揚を高めていることに感心しました。
　　　　　　　　　　　　　　　　　　　　　明石智子

銅賞 審査委員特別賞 クロスメディア部門

「お客さまの声」を集めカード決済導入リクエスト仕様で、自社サービス訴求

カドリク powered by Square

左から、Squareの清水一浩氏、テー・オー・ダブリューの小嶋修平氏

- 広告主　Square
- 制作者　テー・オー・ダブリュー

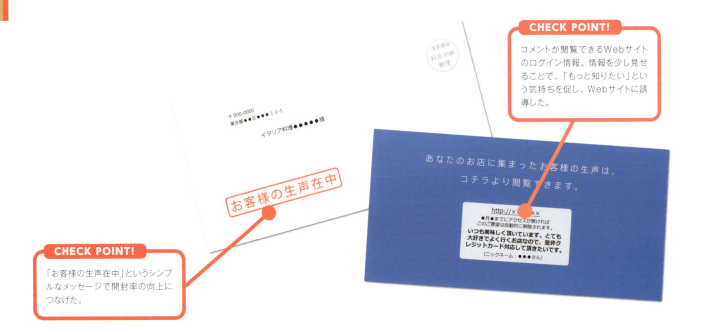

CHECK POINT!
コメントが閲覧できるWebサイトのログイン情報。情報を少し見せることで、「もっと知りたい」という気持ちを促し、Webサイトに誘導した。

CHECK POINT!
「お客様の生声在中」というシンプルなメッセージで開封率の向上につなげた。

戦略性

顧客の声をWeb→DM→Webで届ける潜在ニーズを掘り起こす仕掛け

クレジットカードの利用ニーズは消費者側で年々増加する一方で、「コストや手間がかかる」という理由でカード決済を導入していない店舗が多い。そうした中「簡単、安全、小型」をキーワードに、スマートフォンやiPadなどのモバイル端末に無料のカードリーダーを挿すだけで、クレジットカードでの支払い受付が可能になるのがSquareだ。自社サービスの認知度の向上を図っている同社は、マスメディアなど不特定多数に向けたアプローチではコスト効率が良くないため、ターゲットに直接アプローチできるDMを活用。まずは特設Webサイトを開設して「カード決済をしてほしい店舗」を募り、そこに寄せられた「お客様の生の声」をカード決済導入リクエストとして各店舗の決定権者である個人事業主に郵送した。

顧客の潜在ニーズを掘り起こしたリアルな声を届けつつ自社サービスの訴求をするという流れで、カード導入店舗の増加を図った。

クリエイティブ

自社サービスをシンプルに伝える顧客の声とWebサイトのログイン情報

一店舗につき3人以上のカード決済導入リクエストが集まった段階でDM発送を開始。開封率を高めるため「お客様の生声在中」と朱書きで強調。シンプルなデザインにして際立たせた。また、封書では伝えきれないリクエストは期間限定でWebサイトで閲覧できるようにしてサイトへ誘導した。

サービス案内はブルーを基調にしたシンプルなカード形式にし、おしつけがましくない適度な情報量とすることでWebサイトへの誘導を図り、アクセス率を高めた。

審査会の評価点
- 戦略性 ★★★★★
- クリエイティブ ★★★☆
- 実施効果 ★★★☆

目的	認知向上と導入店舗拡大
役割	特設Webサイトへの誘導
発送数	27通（継続中）
効果	レスポンス率54%
ターゲット	カード決済を導入していない店舗

◆ 基礎情報

①企業概要（主な商品、サービス、ビジネス内容）
　カード決済対応のモバイル端末向けPOSレジサービス
②主なターゲット顧客層
　カード決済を導入していない店舗・導入を検討している店舗
③ダイレクトマーケティングツールの活用状況
　既存顧客に向けて、メルマガを発行。また、潜在顧客向けにもサービス案内のDMを発送

◆ なぜDMを使用したのか

カード決済に対する顧客のニーズを知らず、潜在顧客を逃しているカード非対応の店舗に対して、直接アプローチできる手段としてDMを送付し、店舗の顧客のニーズとSquareを訴求。

staff
Adv 清水一浩
Dir 小嶋修平

クレジットカード決済を導入してほしい店舗へのコメントを受け付けるWebサイト。ここに店舗情報とともに、お店へのメッセージを打ち込む。

封筒の裏側にも「お店の顧客からの声が届いている」ことを伝え、開封率を高めた（上）。
同封しているカードの裏側にはSquareの基礎的な情報を掲載しているが、売り込みコピーは入っていない。あくまでWebサイトを見てもらうことに注力している（下）。

実施効果

店舗利用客のリアルな声で
カード決済導入店舗の増加につなげる

特設Webサイトに寄せられた「カード決済の要望のある店舗情報」＝リクエスト件数は2014年9月の立ち上げから2カ月で1,200を超え、2015年2月上旬現在で1,730に達し、いまだ継続中。レスポンス率（DM開封後のSquareのWebサイトアクセス）は54％となっている。「店員さんは親切ですが、現金オンリーだと出張族にはきびしい」などリアルな声がSquareのサービス導入を促す検討材料となる、新しいBtoBモデルのDM活用方法となった。引き続き、カード決済導入店舗の増加につなげていく。

◆ DM診断

ここが秀逸！
一般的な「DMからWebサイトへ誘導」という流れではなく、Webサイトで募った顧客の意見を店舗へDMとして送り、そこからさらにWebサイトへ誘導するという一連の流れ・仕組みが新しい。また、それを生かすべく、封筒に「お客様の生声在中」とすることで受取手の興味を引き、開封率を高めている。

審査委員講評

まずお店が最も気になる、お客さまの声を前面に出すことにより、開封率を高める。次にお客さまが店に望む内容を伝える。お客さまの満足度を高めるお手伝いができる。お店の心理を突き、捨てられないDM作りの成功例。
　　　　　　　　　　　　　　伊澤正行

まさにシンプル・イズ・ベスト。封筒とペラ1枚のたった2点で伝えたいことをスパッと言いきる潔さ。箇条書き3つで送付理由をテンポよく伝え、スッとWebサイトへと誘導する。お見事！
　　　　　　　　　　　　　　大槻陽一

過去に当該店舗を利用したことのある顧客の、カード決済利用に対するリアルな要望をネットで集め、Squareのカード決済システムの紹介と共に店舗に発信するBtoBモデルDMとして目新しい。
　　　　　　　　　　　　　　鶴田信夫

銅賞

お歳暮、クリスマスケーキ、おせちのDMをひとつにまとめて併売率をアップ

DMコスト昨対70%でレスポンスは2倍！ 併売も促す「年末商品おまとめDM」

▶広告主　いなげや　　▶制作者　フュージョン

毎週の定例会議で会員カード戦略を策定・実施しているいなげやカード推進プロジェクトメンバー

CHECK POINT!
体裁はコストのことも考慮して、折りたたみ式の大判圧着タイプを採用。

CHECK POINT!
3商品を一面で見られる紙面構成。普段から見慣れたチラシ風のデザインが顧客の目を引く。

▶戦略性

販売時期の近い3商品をまとめたDMで併売を促し、コストも削減

　スーパーマーケットのいなげやは、毎年11〜12月にかけて、お歳暮、クリスマスケーキ、おせちの訴求DMを実施していたが、それぞれの商品の販売時期が近いため、併売購入を促す狙いで3商品をひとつに集約したDMを発送することにした。また、上位会員にDMを送付することでギフト購入が増えた実績があることから、お歳暮ギフトの新規顧客獲得を目指すとともに、DMを1回にまとめることによるコスト圧縮も狙った。

　DMの発送対象者は3商品の購入者状況を分析し、その相関関係に基づいて決定。3商品購入者、2商品購入者に加え、人数の多かったお歳暮購入者は年代や購入金額などにより、送付対象を絞り込んだ。さらに、いずれの購買実績もないものの、売上げが上位の会員にも一部送付した。

▶クリエイティブ

商品の一覧性を高めるために3商品を同一紙面上に掲載

　制作コストを抑えるため、体裁は折りたたみ式の大判圧着タイプとした。商品の一覧性を高めるために、お歳暮、クリスマスケーキ、おせちをあえて同じ紙面上にチラシ風に掲載。顧客が普段見慣れている体裁として目を引きやすくし、併売率を高める工夫をした。また、DM掲載商品の申し込み締め切りなど

審査会の評価点		
	戦略性	★★★★☆
	クリエイティブ	★★★☆☆
	実施効果	★★★★☆

目的	継続顧客化
役割	注文促進
発送数	20,000通
効果	申し込み率24.7%
他媒体との連動	自社オンラインショップ
ターゲット	既存顧客

◆ 基礎情報

①企業概要（主な商品、サービス、ビジネス内容）
 関東地方南部を中心に約130店舗を展開するスーパーマーケット
②主なターゲット顧客層
 店舗近隣にお住まいの女性がメイン
③ダイレクトマーケティングツールの活用状況
 自社カード会員に季節商品の案内DMを年間4本程度送付。また、購入金額の高い上位会員には、特別イベントへのご招待やノベルティ進呈など、厚く還元するポイントプログラム制を導入している

◆ なぜDMを使用したのか

会員の手元に確実に届き、情報を訴求できる点からもDMを選択している。今回はコストを抑え併売を促進するため、チラシの情報一覧性を備えたDMを送付した。

staff
Adv 堀合洋介、齋藤栄一、西杏梨
Dr 吉川景博
PI 増田浩文、東海達徳、花澤貴子

CHECK POINT!
掲載商品の申し込み締め切りなどが一覧で見られるようになっている

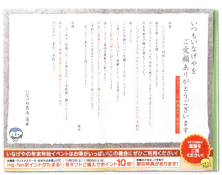

冬ギフト、クリスマスケーキ、おせちの予約の案内について、各店店長からのメッセージを入れることで、チラシ風でありながら、DMならではのメッセージ性を持たせている。

が一覧できる情報を一箇所にまとめ、情報導線を整理した。さらに、チラシの要素があるとはいえ、あくまでカード会員へ送付するDMであることから、差出人を「いなげや各店店長」とした手書き風フォントを使った挨拶レターも盛り込んだ。

▶ 実施効果

コストを下げながらレスポンスは2倍
併売率は300%超えを達成

お歳暮、クリスマスケーキ、おせちのいずれかを購入した人をレスポンスとして算出すると、DMコストは前年の70%と大幅に抑えながら、レスポンス率は前年の約2倍と大幅に向上。さらに、これまで3商品の購入実績がなかった送付者の中から562名の新規購買客を獲得し、売上げは前年の132.9%となった。当初の狙いであった併売促進では、社員販売が多かったクリスマスケーキの購買が高額商品（お歳暮、おせち）の併売として伸長。特に、お歳暮とクリスマスケーキでは併売率前年比300%超えを達成した。

◆ DM診断

ここが秀逸!

チラシの情報一覧性とDMの個人にあてたメッセージの強さという、両者の良さがうまく組み合わさった施策となっている。また、年末年始の時期に訴求したい3つの商品を無理なくまとめてわかりやすく打ち出していることや、ロイヤルティの高い既存顧客にターゲティングしたことでコスト効率が向上している。

審査委員講評

折たたみ式で、大量の掲載商材を順番にもれなく読ませる展開の工夫が光っています。制作コストやターゲットの絞り込みも含めて費用対効果にこだわった実戦的なDMです。
　　　　　　　　　　　　　　　　　　　椎名昌彦

銅賞

SNSでの拡散効果も！
大判世界地図で引っ越しを告知

~ココからココまで引っ越しました。~
うちナビの世界地図型お引っ越しDM

▶広告主　うちナビ　　▶制作者　面白法人カヤック

左から、面白法人カヤックの金子嵩史氏、氏田雄介氏、うちナビの黒田健氏、パークの佐々木智也氏、面白法人カヤックの長谷川哲士氏、パークの三好拓朗氏（右上）

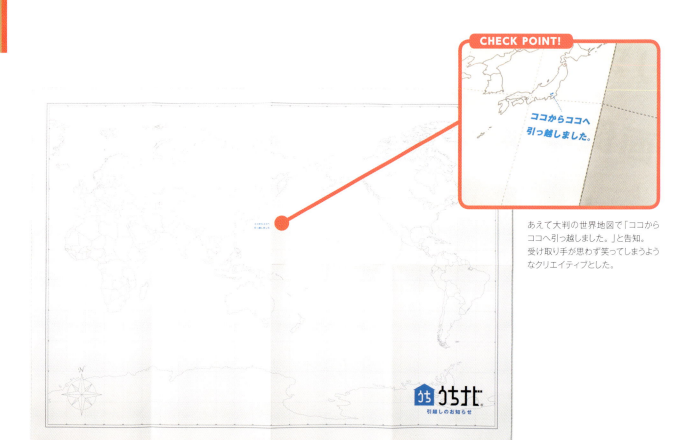

あえて大判の世界地図で「ココからココへ引っ越しました。」と告知。
受け取り手が思わず笑ってしまうようなクリエイティブとした。

戦略性

**驚きは瞬時にシェアされ、拡散する
SNS時代のDMのありかた**

　お部屋探しのお手伝いをする不動産仲介業者、うちナビ。同社は創業以来初めての本社移転に際し、お知らせDMを制作した。引っ越しに伴う移動距離を考えると、小規模な移転。とはいえ、引っ越す人から見れば大きな変化があるもの。その「引っ越しするときの気持ち」に寄り添い、DMを受け取った相手が驚くようなユーモアのあるものを目指し、大判の世界地図でわずかな移動を表現するという、ある意味、一発芸的な面白さを追求したことで、郵送後にはさまざまな反響が生まれた。

クリエイティブ

**シンプル・イズ・ベスト
難易度の高いクリエイティブ**

　無駄な要素をそぎ落とし、いさぎよく、ユーモアを際立たせるシンプルなデザインにするため、文字の大きさ、フォント選びなどを工夫。
　「引っ越しという現象は世界スケールで考えればささやかな出来事とはいえ、引っ越しをすることで見える世界の変化はとても大きい」といううちナビの気持ちと世界観が伝わるように、なるべくストレートなコピーワークを心がけた。片面には大きな文字で引っ越しのお知らせ。そして裏面には世界地図上で引っ

審査会の評価点		
戦略性	★★★☆	
クリエイティブ	★★★★★	
実施効果	★★★☆	

目的	オフィス移転のお知らせ
発送数	13,500通
効果	Twitter、FacebookなどでDMの写真がシェアされる
ターゲット	ビジネスパートナー、既存顧客

◆ 基礎情報

①企業概要（主な商品、サービス、ビジネス内容）
不動産賃貸仲介ショップ「うちナビ」の直営店運営
②主なターゲット顧客層
20～30代の独身男女・大学生
③ダイレクトマーケティングツールの活用状況
新店舗オープンの時期に既存顧客・お世話になっている方に向けてお知らせのDMを送付

◆ なぜDMを使用したのか

本社移転と顧客一人ひとりへの感謝を伝えるために手元に残るDMを制作。ツッコミどころのあるデザインで、メッセージを強く印象づけた。

staff
Adv 黒田 健
Dir 氏田雄介
AD 佐々木智也
D 金子嵩史
C 長谷川哲士
Pr 三好拓朗

通常は、はがき一枚などで済ませがちな移転のお知らせ。
文章では引っ越しのお知らせとともに、企業の思いを改めて伝えている。

越しの軌跡を表した。「DMは定型サイズ、A4で」という概念を忘れ、広げるとB2サイズになる紙全体を使って、引っ越しをする人の気持ちに寄り添う「うちナビ」らしさがにじみ出るクリエイティブを大切にした。

実施効果

お知らせDMがソーシャルのネタとして機能

取引先の顧客からこのDMを受け取ったことについてメールや電話で直接感想をもらったほか、「うちナビの天才的な引っ越しのお知らせ」として写真とセットでFacebookやTwitter、ブログなどで紹介された。「移転のお知らせ」という第一義の目的を達成するだけでなく、DMが送り先でソーシャルメディアの投稿ネタとして機能し、送り先のその先まで話題が広がり、自社のPRに一役買ってくれるという相乗効果が生まれた。

SNSが生活に入り込んでいる時代ならではの、ソーシャルメディアによる拡散効果があるDMとなった。

◆ DM診断

ここが秀逸!

非常に大判のDMであることや引っ越しのユニークな表現が奏功し、ソーシャルメディアで拡散される「おもしろいネタ」としても機能している。DMは本来、One to Oneのメッセージツールだが、これはもらった人が「こんなおもしろいDMをもらったよ」と、そこからさらにSNSを通じて広がる戦略性がある。

審査委員講評

はっきり言ってこのDM、DMのセオリーまったく無視です（笑）。広げた瞬間、笑ってしまいました（もちろんいい意味で）。しかし、ココからココへ、というコピーは関心を引き出す意味で秀逸。なんとなく読ませてしまうレイアウトなど、иや付要素も満載です。インパクトがある故にその話題はFacebookへと飛び火。こういうDMもあっていいですね!
細野晴義

銅賞

新規顧客開拓における
キーマン探しのドアノックDM

新規顧客開拓　営業DMちゃん

左から、東急エージェンシーの成瀬謙二氏、吉原梓氏、NTTコミュニケーションズの山田典子氏、東急エージェンシーの松原祐之介氏

▶広告主　NTTコミュニケーションズ　　▶制作者　東急エージェンシー

CHECK POINT!
開封のフックにもなったノベルティの数々。
特別感とともに役に立つという点を考慮して選択した。

戦略性

キーマンとの名刺交換成就までの
シナリオを策定

　NTTコミュニケーションズは、DMを新規開拓営業におけるドアノックの役割と位置づけ、「営業DMちゃん」と名付けたDMを展開。ターゲットを情報システム・総務部長クラスのキーマンに絞り、名刺交換にまで辿りつくという戦略を立てて実施した。
　そのためのポイントは大きく3つ。1つ目は「気の利いた手土産」を意識したノベルティの添付。数ある営業DMの中で埋もれない特別感を演出する狙いだ。2つ目は世の中の企業の、通信サービスに関する課題をまとめたファクトベースの調査データの提供。3つ目はアンケートの実施だ。

クリエイティブ

コンセプトは「気の利いた手土産」
お得感あるノベルティの数々

　ヒアルロン酸入りウエットティッシュ、目もとぱっちりシート、エコカイロ、立体マスク……。日々さまざまな会社から送られてくる販促DMに紛れず、開封され読んでもらうためにもノベルティを注意深くセレクトして同封。また企業の情報システム部門は、同業他社のシステム導入状況が気になるところ。関心事項をDM誌面に落とし込んで、注目率を高めた。

戦略性	★★★★☆
クリエイティブ	★★★
実施効果	★★★★☆

目的	新規顧客の開拓
役割	非公開
発送数	約5,000通
効果	非公開
ターゲット	企業の情報システム部、総務部

◆ 基礎情報

①企業概要（主な商品、サービス、ビジネス内容）
　革新的で信頼性の高い、国内・海外を問わないシームレスなICTサービスを提供
②主なターゲット顧客層
　企業の情報システム部、総務部のマネージャー層・意思決定者層
③ダイレクトマーケティングツールの活用状況
　新規顧客の開拓に向けて、定期的にDMを送付して情報を発信

◆ なぜDMを使用したのか

電話と比較し、ターゲット顧客の時間を拘束せず、Eメールと比較し、埋もれないツールとしてDMを選択。

staff
Dir 松原祐之介
AE 吉原梓
D 荒井寛子
C 中尾慎

ノベルティだけでなく、同封した「白書」が関連情報を求める部門にとって「情報オファー」になった。

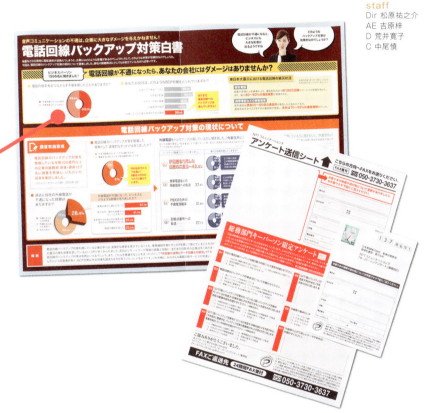

▶ 実施効果

**高いアンケート回収率
営業するうえでの貴重なデータベースを構築**

　アンケート回収を目的としたBtoBのDMとしては、高い反応率を得ることができた。
　DMの内容についても「自社の課題解決に役立つ」と回答した人が各回平均で20～25％と多く、「既存の課題ではないが気づきがあった」という人も40～50％に上った。今回のDMは、今後の営業案件化に向けて貴重なデータとなった。この結果を受けて、より企業の課題に合った提案ができるよう、具体的な課題の抽出を目的とした次のDM展開を行っている。

◆ DM 診断

ここが秀逸！

見込み客リストを得るためのBtoBならではのDM活用例と言える。宛名が「○○担当者様」と個人名ではないが、目的がはっきりしているため、アンケート回答からオファー提供までの流れがわかりやすいことが成果につながった。

審査委員講評

企業にとって通信機能のマヒという最悪の事態に対する対策を考えさせるDM。マスクや目の疲れを取るシートをうまく使い、バックアップシステム導入の必要性をうまく伝えている作品です。
　　　　　　　　　　　　　　　　　　　　　伊澤正行

銅賞

宝箱の中から財宝が！派手好みの土地柄を意識した金色DM

東海地区における中小企業顧客獲得のためのDMとテレマーケティング

左から、インパクトたきの日高弘司氏、碓氷綾加氏、電通テック名古屋支社の樋口小百合氏、インパクトたきの平山敦彦氏

▶広告主　NTTドコモ東海支社　　▶制作者　電通、電通テック名古屋支社、インパクトたき

社内掲示用のポスターも同封。受取人のみならず、社内に情報が広がる工夫を行った。

戦略性

中小企業への営業効率を高めるためにDMとテレマーケティングを連動

　NTTドコモ東海支社は、東海地区において特に中小企業の法人契約獲得を課題としていた。ただ中小企業への訪問対応は多くの人員を要するため、効率的に契約獲得を行うことが必要。そこで、新料金プランの開始と携帯端末代金を割り引く施策を、DMとテレマーケティングで実施した。これらを通じて確度の高い法人顧客を絞り込み、効率のよい営業活動、および店舗誘導を目指した。

　訴求内容のひとつである端末代金の割引については、期間中であれば、何度でも割引が受けられるクーポンを提供するという形で展開した。

　アウトバウンドコールはDM到着2日以内に実施。そこではDMの開封確認や補足説明とともに、回線数や契約形態、通信における悩みなどをヒアリングし、次のアプローチにつながる有益な情報の取得を行った。契約が見込める企業に対してはドコモショップから企業側へアプローチを行い、具体的な提案を実施した。

クリエイティブ

宝箱（＝封筒）から財宝（＝訴求内容）が出てくる仕掛け

　開封後の期待感を高めるために、全体を「宝箱」としてデザインし、ほかの郵便物に紛れないように厚みのあるボックス型封筒を採用した。はさみを使わずに開封できるミシン線加工を施し、表に訴求内容である新料金プランのお知らせと優待クーポンが入っていることをわかりやすく記載した。内容物につい

審査会の評価点		
	戦略性	★★★★☆
	クリエイティブ	★★★★
	実施効果	★★★★☆

目的	新規顧客の獲得
役割	来店誘導
発送数	20,900通
効果	DM開封者の成約率26.2%
他媒体との連動	テレマーケティング
ターゲット	東海地区中小企業

◆ 基礎情報

①企業概要（主な商品、サービス、ビジネス内容）
　情報通信業
②主なターゲット顧客層
　東海エリアの中小企業
③ダイレクトマーケティングツールの活用状況
　新サービスの発表に伴い、イレギュラーで発送したため、通常は活用していない

◆ なぜDMを使用したのか

中小企業への訪問対応は多くの人員を要するので、効率的に獲得を行う必要があり、DM・テレマーケティングを組み合わせた。

BRONZE

staff
Adv 桂山晃
AE 小山修平
PI 正親晋
Dir 樋口小百合
AP 平山敦彦
D 碓氷綾加
C 日高弘司

CHECK POINT!
封筒を「宝箱」としてデザインし、訴求内容を「財宝」に見立てることで、期待感を高めている。

CHECK POINT!
高級感のあるプラスチック製のディスカウントクーポン。財布に入るように、クレジットカードと同じ大きさにした。

ては、訴求内容の2つを「財宝」に見立てて制作。特に、期間中何度も割引が適用となるクーポンの利用促進につなげるため、クリエイティブを工夫した。財布に入れてもらうことを意識し、クレジットカードサイズで制作。派手好きといわれる名古屋を意識してキーカラーを金色にした。また丈夫なプラスチックを採用し、高級感を色とデザインで表現した。さらに、送付先の社内で認知を広げられるように、割引クーポンに関する社内掲出用ポスターも同梱した。

▶ 実施効果

開封者の成約率は26.2%を記録
目標を大きく上回る結果に

　DMの開封率は44.5%で、そのうち成約率は26.2%を記録。新規成約が目標の147%、他社からの乗り換えが目標の160%、機種変更が目標の224%と、それぞれ目標を大きく上回る結果となった。

◆ DM診断

ここが秀逸！
「名古屋」という地域性を考慮して工夫されたクリエイティブを前面に押し出している。またBtoBのDMであることから、ビジネス面でのメリットである「通信コスト削減」がわかりやすく訴求されている。送付後のアウトバウンドコールと連動させたことでさらに効果を高めた。

審査委員講評

DMで理解促進、テレマで行動喚起と役割を分けた点が奏功の鍵。複雑な情報と、面倒な手続きを一機会で咀嚼させるのは難しい。名古屋人気質を利用したクリエイティブも効果的。　　　　向田 裕

銅賞

思わず開けたくなる「扉」のギフトで開封率をアップ

60周年の感謝の気持ちを込めて、特別なお客さまへギフトDMでおもてなし。

左から、トッパンフォームズの下田利行氏、小澤史明氏、オリエントコーポレーションの田畑裕樹氏、島泰代氏、松永香央理氏、古地香織氏、トッパンフォームズの長原優氏、高清水雄大氏

▶広告主　オリエントコーポレーション　　▶制作者　トッパンフォームズ

CHECK POINT!
「一度サービスを使ってもらえばポイント制度の良さがわかるはず」という思いから、無料ポイントを進呈。7割以上がサービスを認知・利用した。

戦略性

事務的な案内になりがちなDMを見直しサプライズ感のある扉型を採用

　オリエントコーポレーションは、サービス向上のために新しいポイント制度を2013年10月にスタート。PRを推し進めるべく、昨年12月の創業60周年を機に、クレジットカードの利用頻度の高い顧客に対し、一人当たり5,000ポイントをサプライズ贈呈。より一層のサービス利用を目指した。

　新しいポイント制度は、オリコモールを経由したオンラインショッピングでポイントを獲得し、たまったらネットですぐに交換ができるというもの。顧客に利便性を実感してもらい、顧客満足度をさらに高める狙いがあった。ただ、ポイントの受け取りにはWeb会員登録が必須というハードルがあり、今回、事務的な案内になりがちなDMを見直し、必ず開封したくなるようなサプライズ感があり、かつWeb会員登録につながる扉型のDMを発案。「扉」には特別な顧客を豊かな時間に招待するという意味も込めており、ロイヤリティの醸成を図った。

クリエイティブ

素材にこだわり、丁寧に仕上げDMそのものをギフトと感じさせる

　60周年の感謝を伝えるためにDMそのものをギフトと感じてもらおうと、素材選びからこだわり、デザイン・印刷・加工までを丁寧に仕上げた。プレゼントした5,000ポイントはWeb登録を行わないと受け取れないため、まずDMの開封率を高めることに注力。それが最終的に「扉」というアイデアに行き着いた。

審査会の評価点		
戦略性	★★★★	
クリエイティブ	★★★★★	
実施効果	★★★★	

目的	継続顧客化
役割	顧客コミュニケーション、Web・モバイルサイト誘導
発送数	10,000通
効果	Web会員登録率75.6%
他媒体との連動	Eメール、専用ランディングページ
ターゲット	ロイヤル会員

◆ 基礎情報

①企業概要（主な商品、サービス、ビジネス内容）
　会員数1,000万人を超えるクレジットカード事業のほか、オートローンやショッピングクレジットなどの金融サービス・商品を提供
②主なターゲット顧客層
　情報に敏感で消費性向の高い30〜40代の男女
③ダイレクトマーケティングツールの活用状況
　毎月のカードの請求情報や商品・サービスの宣伝のDMを送付。またキャンペーンなどのおトク情報を掲載したメルマガを発行

◆ なぜDMを使用したのか

顧客が直接手に取って触れることができるので、60周年の感謝の気持ちを伝えるためにはDMが最適なメディアと判断。またギフト内容が形のないものなので、サプライズ感を演出し、記憶に残るギフトとなるようDMを活用した。

BRONZE

staff
Adv 島泰代、松永香央理、古地香織
Dir 長原優
AE 高清水雄大
AD 小澤史明
D 板橋哲男

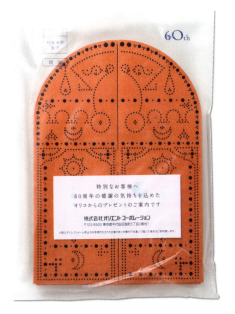

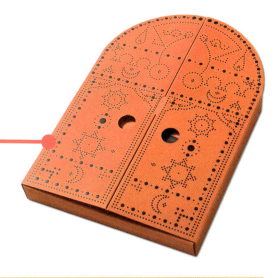

CHECK POINT!
開封率を高めることに注力し、思わず開けたくなる「扉」というアイデアを採用した。また、DMそのものが記憶に残るように、素材・デザイン・印刷・加工の細部にまでこだわっている。

扉には「開封」「招待」「ポイントゲートウェイ（新ポイント制度）」の3つの意味が込められている。

また、ポイントサイトへのスムーズな誘導と、登録方法をわかりやすく伝えるためにランディングページを制作。デザインはDMの世界観を踏襲した。また、DMのリマインドとWeb登録促進（ポイント受け取り）を図るために、DM投函10日後にEメールを送付した。

◆ DM診断

ここが秀逸！
「扉」をモチーフにした立体物の造形が良くできていて、開封する前から期待感を抱かせるクリエイティブになっている。また、ポイント制度を知ってもらうため、ポイント進呈というオファーでWebサイトにアクセスを促し、会員登録につなげるという戦略に沿ったサイトへの誘導がDMでわかりやすく示されていた。

▶ 実施効果

**7割以上がサービスを認知・活用
顧客への感謝の気持ちも伝わる**

今回のDM施策の結果、ロイヤル会員と位置づけた顧客の7割以上に新しいポイント制度を認知・活用してもらえた。DMを受け取った顧客からは「いつもは読まずに捨ててしまうこともあるが、今回は素敵なギフトボックスに目が留まり、ホームページにアクセスした」「サービスが最高」といった声が寄せられ、DMのコンセプトである「感謝」もしっかり伝えることができた。

審査委員講評

顧客を迷わせず躊躇なく行動させるために、徹底した豪華さを演出した勝利。ポイント付与という無機質的なインセンティブが、「心のこもった贈り物」に巧くアナログ変換された。
　　　　　　　　　　　　　　　　　　　　向田 裕

銅賞

住宅という高額商品にふさわしい高級感と特別感

ご紹介キャンペーンDM

- 広告主　泉北ホーム
- 制作者　スギタプリディア

上段左から、泉北ホームの武田純一氏、岡本庸平氏、スギタプリディアの坂口浩司氏
下段左から、泉北ホームの村田真治氏、山本英貴氏、北田まみ氏

CHECK POINT!
開封すると紹介用カードがせり上がってくる仕掛けで、受け取った時のサプライズを演出した。

戦略性

購入に慎重になる商品特性のため満足度の高い購入者からの推薦に期待

　住宅メーカーの泉北ホームが提供している「フル装備の家」は同社の看板商品。ハイスペックな装備が標準で備わったオールインワン住宅で、顧客の満足度が高い商品となっている。住宅は高額であり、何度も購入できるものでもないという商品特性から、購入を検討する人は当然慎重になる。しかし、「フル装備の家」は購入者の満足度が高いため、新規顧客の獲得にはすでに購入した人からの推薦が一番の後押しとなる。そこで今回、過去に購入実績のある顧客に対して新規の顧客を紹介してもらうキャンペーンDMを実施した。
　特典としては、契約成立の場合、紹介者と新規購入者にそれぞれ現金10万円を提供。モデルハウス来場でも2,000円のギフト券を進呈することにした。

クリエイティブ

過去の経験を活かして高級感あふれる作りに

　以前にも紹介キャンペーンは実施していたが、その時は厚紙にミシン目の入った一般的なクーポンのようなものを送っていた。特典は今回と同じ現金10万円であったが、ほとんど活用されていなかった。
　その反省から今回のDMは、受け取った人が「あなただけの特別感」を感じてもらえるように制作した。住宅という高価な商品にふさわしいように、DMに同梱する紹介用カードは厚みのある

審査会の評価点		
戦略性	★★★	
クリエイティブ	★★★★☆	
実施効果	★★★★☆	

目的	新規顧客の獲得
役割	紹介キャンペーン
発送数	857通
効果	4件の契約を獲得
ターゲット	購入実績のある顧客

◆ 基礎情報

①企業概要（主な商品、サービス、ビジネス内容）
　注文住宅およびマンションの設計・インテリアコーディネート・施工。不動産全般
②主なターゲット顧客層
　住宅購入を検討する30代ファミリー層が中心
③ダイレクトマーケティングツールの活用状況
　DMは通常、キャンペーンなどのお知らせの時に、見込顧客に向けて送付している

◆ なぜDMを使用したのか

簡単に捨てられたり無視されたりしない工夫が必要だが、見込み顧客の手元に直接情報を届けることができることからDMを活用している。

staff
Adv 山本英貴、村田真治、北田まみ、岡本庸平、武田純一
Dir 坂口浩司　AE 木原大輔　AD 伏見将輝
C 船瀬勝文

台紙の裏側には、キャンペーンの詳細情報を掲載。契約が成立した場合、紹介者には、現金10万円がプレゼントされる。

CHECK POINT!
ゴールドカードを模した紹介用カード。厚みのあるプラスチック素材で高級感を感じてもらえるようにした。

プラスチック素材で、クレジットカードの"ゴールドカード"を模したデザインを採用。常に財布に入れてもらい、いつでも思い立った時に紹介してもらえることを狙った。また、台紙は開くと飛び出す仕掛けにしてサプライズ感を演出。コピーの文字が光って見えるなど、デザインもより高級感を感じさせるものにした。

カードの素材に費用をかけた分、台紙をのり付けせずに1枚の紙で組み立てられるようにするなど、コストを抑える工夫も行っている。

◆ DM診断

ここが秀逸！
開封時にカードがせり上がってくるというギミックにインパクト・特別感がある。また、単なる紙のクーポンではなく、住宅という高額商材の紹介促進としてふさわしく、クレジットカードを模したプラスチックのゴールドカードにしたことで特別感がさらに高まった。それが、成果につながっている。

実施効果

**4件の新規契約を獲得
高額商品ゆえ大幅な売上増に**

こうした工夫の結果、DMを857通送付して6件のレスポンスがあり、そのうち4件が契約へつながるなど当初予想を上回り、売上げにして約8,760万円となった。過去の販促活動よりも成果が得られ、DM制作費と比較しても大きな費用対効果が得られた。今後もオファーの工夫などを行いながらDMを継続していく。

審査委員講評

過去に制作したDMへの顧客の反応から学んで、より高いレスポンスを獲得する方法を考え、新しい試みをテストすることはDM制作における基本。レスポンス率は顧客からのメッセージなのだから、それに応える形で修正することが重要。
　　　　　　　　　　　　　　　　　　ルディー 和子

銅賞

取っておきたくなるカレンダー付きカードで来店を誘導

全日本DM大賞受賞記念＆オープン3周年記念
紅茶の森のカレンダーDM

▶広告主　ティールーム紅茶の森　　▶制作者　プランニング＆デザイン　ハートワーク

左から、ハートワークの笠井岬氏、藤田敏雄氏、紅茶の森の加藤政子氏、ハートワークの宮下わこ氏、藤田正子氏、小野田人登美氏

CHECK POINT!
スタンドで立たせると絵柄が完成するポストカード。部屋に飾ってもらうことで親近感を高めることを狙った。

戦略性

**定休日がわかりやすい
カレンダーで来店を誘導**

　ティールーム紅茶の森は、オープンした年に実施したクリスマスDMのイラストが好評で、それ以来DMを継続。顧客へのコミュニケーション手段としてのDM発送を年に数回実施するようになり、それを毎回楽しみに待ってくれている顧客が多くなっていた。

　そんな中、2014年に第28回全日本DM大賞でプログレッシブ賞を受賞。また、2014年はオープン3周年を迎える特別な年であることから、同年のDMは感謝の気持ちを込めたスペシャル企画とすることにした。

　DM発送は2回に分けて行い、第1弾はDM大賞受賞記念として4月に実施。4〜9月のカレンダーを掲載したポストカードを挨拶文とともにセットにして送った。第2弾はオープン3周年記念として9月に実施。その時は、10〜12月のカレンダー付きポストカードとポストカードスタンド、挨拶文をセットにして送った。

　休眠顧客へのアプローチ対策として、もっと頻繁に来店してもらうことを意識して制作。ポストカードに掲載したカレンダーは店舗の定休日が一目でわかるように工夫し、来店のスケジュールを立てやすくすることを目的とした。また、第2弾のオープン3周年記念DMでは、ポストカードスタンドで、手元に届いたDMを部屋に飾れるようにして、ティールーム紅茶の森をより身近に感じてもらうことを狙った。また、顧客がポストカードを知人に送ることで、さらに店舗の認知度を高めることにつながることも狙った。

審査会の評価点		
戦略性	★★★	
クリエイティブ	★★★★☆	
実施効果	★★★★☆	

目的	継続顧客化
役割	顧客コミュニケーション、来店誘導、休眠顧客の活性化
発送数	600通（1回目300通、2回目300通）
効果	レスポンス率70%
他媒体との連動	Facebook
ターゲット	既存顧客

◆ 基礎情報

①企業概要（主な商品、サービス、ビジネス内容）
　隠れ家的なティールームでの本格的な紅茶と手作りのケーキを提供
②主なターゲット顧客層
　本物の紅茶とケーキの味を知っている男性、女性。および、日常を忘れ、ゆったりと落ち着いた時間を求める男性、女性
③ダイレクトマーケティングツールの活用状況
　イベントを記載したイラスト入りのハガキを、年数回定期的に送付

◆ なぜDMを使用したのか

オープン年にクリスマスDMを送ったところ好評なことから継続化。コミュニケーションツールとして顧客が届くのを楽しみにしていることと、長く手元に置いて見てもらえることから活用。

staff
Adv,Pl,C 加藤政子
Dir,Pl,AD,D,C,I 宮下わこ

CHECK POINT!

カレンダーは定休日をわかりやすくし、来店スケジュールを立てやすくすることで来店誘導を図った。

クリエイティブ

スタンドを使って立たせることで絵柄が完成

封筒は手触りのよい上質なものとし、デザインは受け取る人が開けてみたくなるような雰囲気のあるものを目指して制作。第1弾DMはカードを6枚まとめて帯で括り、ボリュームを持たせている。また、第2弾DMでは、ポストカードをカードスタンドで立たせると絵柄が完成するという趣向にし、保存性を高めた。

◆ DM診断

ここが秀逸！

顧客の手元に長期間残り、捨てられないツールとしてカレンダーは定番だが、デザインなどのクオリティが高く成果につなげている。直接DMを送付できるのは、住所などの個人情報が店舗でしっかり取得できているから。すでにそれだけの信頼関係が顧客と築けている点が優れている。

実施効果

レスポンス率は70%を達成
顧客がカードを楽しむ様子も伝わる

DM施策の結果、レスポンス率は70%を達成。DMを受け取った顧客からは、「ワクワクしながら封筒を開けられた」「月ごとに違うイラストのポストカードが楽しめた」「コレクションしたくなるし、実際にポストカードとして利用できる」「スタンドで飾れて、何通りにも楽しめる」など、好評価が得られた。

審査委員講評

再来店してほしいというお店の気持ちがこもった、洒落たカレンダー型のカードが功を奏しています。スタンドを同封して、定休日入りのカレンダーを机に飾ってもらう工夫も秀逸です。
　　　　　　　　　　　　　　　明石智子

銅賞

顧客の心理・属性と契約期限までの日数に合わせたオファー提示で更新を促す

デジタルメディアとDMの複合で約2倍の反響！
ウイルスバスター契約更新プログラム

左から、ソフトバンク・ペイメント・サービスの斉藤克典氏、電通ワンダーマンの成田晴佳氏、トレンドマイクロの根岸泰宏氏、トッパンフォームズの玉利勇人氏、松本成司氏

- 広告主　トレンドマイクロ
- 制作者　トッパンフォームズ、電通ワンダーマン、ソフトバンク・ペイメント・サービス

CHECK POINT!
契約期間終了40日前のDMは封書にて送付。「早得キャンペーン」として、料金15％OFF、契約期間2カ月間無料延長といったオファーを前面に押し出した。

戦略性

顧客の属性や心理タイミングを4つの象限に分類

　パソコン向けのウイルスソフトを提供するトレンドマイクロは、更新期間終了のお知らせと契約継続誘導を図るためのPRとして、デジタルメディアのEメールや、PC画面上のポップアップ配信を活用している。しかし競合との顧客獲得競争が激しくなる中、そうした手法での訴求効果が減少傾向にあることから、同社はDMを複合的に導入して契約更新の向上を図った。

　まずは顧客の属性を把握するために事前にアンケート調査を行い、顧客の心理や更新タイミングに応じて「即決派」「慎重派」「直前派」「逡巡派」の4つの象限に分類。時系列展開を意識したステップメールで複数配信をしたことに加え、DM発送にあわせてEメールやPC画面上のポップアップ配信を行い、さらなる認知向上を図った。特に、オンライン上でのクレジットカード決済を好まないシニアターゲットを考慮してWebサイトにDM案内をお知らせするコンテンツを作成。タイミングを計って払込用紙を郵送し契約更新につなげた。

審査会の評価点	戦略性 ★★★★☆ クリエイティブ ★★★☆☆ 実施効果 ★★★★☆

目的	契約更新数の増加
役割	契約更新の案内・申し込み
発送数	669,105通
効果	契約更新数が目標の1.4倍に増加
他媒体との連動	Eメール、PC画面上のポップアップ配信
ターゲット	ソフトの契約更新時期が近付いている人

◆ 基礎情報

①企業概要（主な商品、サービス、ビジネス内容）
　セキュリティ関連製品・サービスの開発・販売
②主なターゲット顧客層
　40～60代のパソコン初級～中級ユーザー
③ダイレクトマーケティングツールの活用状況
　契約期間満了時期に、DM・Eメール・パソコン右下に表示されるポップアップを案内

◆ なぜDMを使用したのか

デジタルメディアだけでは訴求効果が減少傾向。契約更新数の増加のため、契約更新の認知率を向上させるという戦略のもと、開封率が高いDMを活用した。

CHECK POINT!
期限切れ15日経過後のDMは、更新しないままだとパソコンが危険にさらされてしまうという警告をイラストで表現した。

CHECK POINT!
2014年10月31日まで
DMが届いてすぐに更新手続きができるよう、圧着はがきに払込票も組み込んだ。

▶ クリエイティブ

配信タイミングを見据えた訴求ポイントの緩急でコミュニケーションにメリハリを

契約期間終了90日前は、「超早得キャンペーン」として、このタイミングで再契約すると15％オフになることなどのオファーを目立たせた。一方、契約終了15日経過後のDMには、更新を忘れたままだと危険であることを、ウイルスを思わせるイラストで表現した。

▶ 実施効果

デジタル業界で活かされたアナログDMの強み

早期割引というオファーの提示にはじまり、更新期限切れ後の危険性を実感させるクリエイティブの工夫まで、顧客属性や心理に合わせた時系列のコンテンツを展開。その結果、継続契約数は目標の1.4倍に達した。顧客のパソコンには数多くの情報が届く中で、告知に気づいてもらうため、Eメール、ポップアップ配信に加えてDMを活用したことが成果につながった。

◆ DM診断

ここが秀逸！
契約期限までのあとどれくらいの日数なのか、それぞれの時期の、顧客の心理状態をよく理解した内容・クリエイティブとなっている。また、通常ならばEメールでアプローチするところを、ほかのEメールに埋もれてしまわないようあえて紙のDMを複数回届けることで差別化している。

審査委員講評

このような製品ですと顧客属性の把握が難しいものですが、契約更新情報などの限られた情報から顧客心理を導き出し、その顧客心理に合わせたメッセージを展開して高い効果を実現しました。実戦的なセグメンテーション手法です。
　　　　　　　　　　　　　　　　　　　佐藤義典

銅賞

顧客の心理に寄り添いフェーズごとに悩みや不安を解消

健康意識が高い中高年の不安に寄り添った「お悩み相談室」DM

▶広告主　日清ファルマ　　▶制作者　ダイレクトマーケティングゼロ

上段左から、ダイレクトマーケティングゼロの松澤加奈子氏、砂河健一氏、日清ファルマの岡村純氏、雫内里美氏、池田和隆氏、ダイレクトマーケティングゼロの古田哲也氏
下段左から、日清ファルマの伊藤瑞恵氏、後藤紀彦氏、ダイレクトマーケティングゼロの田村雅樹氏、三木智絵氏

おなかの状態を簡単にチェックできる表で、効果を「見える化」した。

▶戦略性

**顧客が抱える不安に気付き
安心感や納得度を上げることを目指す**

　日清ファルマが製造・販売している、大腸と体の健康をサポートするサプリメント「ビフィコロン」。トライアル時に多くの顧客が「効果不安」「必要不安」「継続不安」のいずれかを抱えていたため、サンプル同梱から4信にわたって「効果、継続、価格」への安心感や納得度を上げ、自然と再購入率を高める戦略を立てた。そして顧客の悩みに寄り添える媒体としてDMを採用。安心感、納得度を上げる「お悩み相談室DM」を目指した。
　また、DM送付3日後から47日後まで段階を踏んで発信するステップEメールで医師が患者を見守るようにアプローチ。担当者が顧客の不安に寄り添いながらコミュニケーションを取り、安心感を高めた。全8通のEメールはすべてDMの内容と連動させながら展開。継続メリットや愛飲者の声などをターゲット属性に合わせて紹介し、「個別相談室」の形で定期購入を悩む顧客をフォロー。同時に、50歳以上というターゲット顧客がアクセスしやすいよう、専用ランディングページや専用電話回線も設け、不安解消の相談窓口としてサポートした。

▶クリエイティブ

**タイミング別に顧客の心情をくみ取り
愛飲者の体験談で勇気づける**

　サプリメントは使用していくうちに効果→必要性→継続と、悩みの種類は変化していく。そのため、タイミング別に顧客の心情をくみ取り、初回同梱から4信まで各フェーズでの悩みや不安を、

審査会の評価点		
戦略性	★★★★	
クリエイティブ	★★★★☆	
実施効果	★★★★☆	

目的	継続顧客化
役割	本品転換促進、注文促進、顧客コミュニケーション
発送数	20,000通
効果	定期転換率が前年比大幅アップ
他媒体との連動	ステップメール、専用LP、専用回線
ターゲット	トライアル購入者

◆ 基礎情報

①企業概要（主な商品、サービス、ビジネス内容）
健康食品事業に加え、医薬品原薬、医薬品などの製造・販売
②主なターゲット顧客層
健康意識の高い50代以上の中高年
③ダイレクトマーケティングツールの活用状況
既存顧客には商品お届け時に、継続利用を喚起するためのDMを同梱送付。同梱とは別に、継続利用に対するキャンペーンのお知らせDMも送付。コールセンターも活用

◆ なぜDMを使用したのか

メインターゲットが50代以上であること、また、段階を踏みながら担当者の顔が見えるコミュニケーションを通じ、効果や継続性、価格に対する不安を解消できる方法として、顧客に寄り添えるDMを使用することで効果を狙った。

staff
Adv 雫内里美
Dir 萩原良子
Pl 松澤加奈子
Pr 田村雅樹

BRONZE

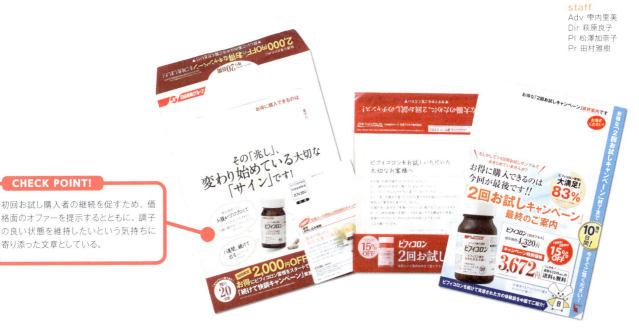

CHECK POINT!
初回お試し購入者の継続を促すため、価格面のオファーを提示するとともに、調子の良い状態を維持したいという気持ちに寄り添った文章としている。

同様の悩みを持つ愛飲者の体験談や1日1カプセル（目安）で実感できる理由を多角的かつ視覚的に解消していくことを図った。
　まず、挨拶状や会社紹介で顧客とのつながりを醸成しながら、愛飲者の体験談で各段階の悩みを共有。成功体験を聞かせて勇気づけたり、顧客と同じ変化が起きている（＝効果が出ている）ことを気付かせたりしていった。同時に、温かみのあるデザインや明確な説明で高齢者へも配慮。顧客の悩みの中心が徐々に価格へと変化するのを踏まえ、後半は形状もサイズも変え、新キャンペーンの告知を行うなど開封率アップを徹底した。

◆ DM診断

ここが秀逸！
封筒に書かれているコピーは、直接購買を促す内容となっており、受け取った人の行動を喚起するわかりやすい表現となっている。また、次の購入につなげる仕掛け・キャッチフレーズも、購入者がその時にどのような心理状態にあるのかをよく理解して作られている。

実施効果

**本品転換率大幅アップを達成
顧客から強い信頼感を獲得**

トライアル購入者の本品転換率は前年比で大幅アップを達成。顧客からは「気になったことが説明されていて助かった」「続けられるか不安に思った時、似たような体験談が載っていて勇気づけられた」「スタッフの顔が見えて安心した」などの声が多く寄せられた。手に取って何度も読み直すことができるDMであることにより、50歳以上の顧客ターゲット層に幅広く受け入れられ、結果、本品購入に対する不安を取り除くことができた。

審査委員講評

健康上の悩みを解決したいという通販購入者にとっては、DMを手にした瞬間にさっそく試そうという気持ちにさせる。DM到着後のステップメールとDM展開は、心理状況を理解した作り。
鶴田信夫

銅賞

来場時の「楽しい」を先取りさせた「甘栗詰め放題」のスイーツ・オファー

パナホーム「ハロウィーンキャンペーン 焼割甘栗 詰め放題DM」

▶広告主　パナホーム山梨　　▶制作者　アイアンドシー

左から、パナホーム山梨の堀越賢氏、アイアンドシーの田中紀代美氏、髙木一氏

事前に箱を送ることで、会場で受け取れるオファーにリアリティが増し、来場促進につながる。

▶戦略性

インパクトがあり、展示場が盛り上がる「詰め放題」企画

　住宅・アパートの販売やリフォームなどを手掛けているパナホーム山梨にとって、戸建住宅の販売においては、まず展示場へ来場してもらうことが課題だった。そこで家庭における家計の管理者であり、なおかつ日頃広告物をよく目にする「主婦層」を主なターゲットとして、女性に人気の「詰め放題」を企画。事前に来場時に使用する「詰め放題用」段ボール箱をDMとして送り、展示場当日の楽しい時間や甘栗のシズル感を先取りすることで来場につなげた。

▶クリエイティブ

ハロウィーンイベントと好相性だった焼割甘栗のスイーツ・シズル感

　箱を封入するのではなく、「詰め放題用」段ボール箱に直接案内状を巻きつけることで、受け取った時に大きなインパクトを与えている。また、秋の味覚、女性が好む焼割甘栗の写真を大きくレ

審査会の評価点	
戦略性	★★★★
クリエイティブ	★★★★
実施効果	★★★☆

目的	展示会場への来場促進
役割	イベントの告知
発送数	650通
効果	来店率が従来の2倍以上
ターゲット	一度販売店に来たことのある主婦

◆ 基礎情報

①企業概要（主な商品、サービス、ビジネス内容）
　住宅、アパート、システムキッチン、リフォーム、施工・販売
②主なターゲット顧客層
　新居を購入する家族、特に主婦層
③ダイレクトマーケティングツールの活用状況
　一度、店舗に来店した人への再来場を促す案内状（キャンペーン、イベント等）送付

◆ なぜDMを使用したのか

詰め放題企画の楽しさを伝えるには、面白さやワクワク感を事前にイメージさせることが必要と考え、段ボールのDMを事前に送るという手法を採用した。

staff
Adv 堀越 賢
Dir 高木 一
D 田中紀代美

BRONZE

詰め放題DMはビジネス特許取得済み。
「詰め放題」は登録商標です。

ハロウィーンと焼栗のスイーツ感。女性の「甘いモノ好き」と「詰め放題」のお得感をくすぐる、インパクトあるクリエイティブ。

イアウトし、シズル感を演出するだけでなく、ハロウィーンイベントと銘打つことで子どものいる家族に対し、家族で来場でき、楽しい時間を過ごせるという期待感を抱かせるようにした。こうした仕掛けによって、来場の目的を達成することに成功している。

◆ DM診断

ここが秀逸！

住宅販売会場に来てもらうための来店動機をつくる仕組みとして非常にわかりやすい。DMを受け取った側も、箱があることで何をするのかを実感しやすく、会場に行ったら立ち寄ろうという行動予定を立てさせることに成功している。来場促進の仕組みとして、DMのクリエイティブを含めて高いレベルにある。

実施効果

施策の結果、従来の来場案内だけのDMに比べて2倍以上の来店率となった。クリエイティブをハロウィーン仕様にしたことで、イベントとしての特別感にも一役買った。さらに展示会場における顧客と販売員のコミュニケーション促進にもなり、高い成約率につながった。

審査委員講評

「甘栗詰め放題」の仕掛けが一目でわかります。焼き栗が箱に一杯詰まったインパクトのある表現で、腰の重い対象者を住宅展示場へ連れてくることに成功しています。
　　　　　　　　　　　　　　　　　　　　　　　椎名昌彦

銅賞

「私のことを考えてくれている」究極のパーソナル対応が育む"信頼感"

～POLAの扉の中に秘められた、歴史と美のノウハウ～
ブランドブックDM

▶広告主　ポーラ　　▶制作者　トッパンフォームズ

CHECK POINT!
個々人の肌状態はパーソナルデータであることから、パーソナル媒体であるDMは相性がいい。そうした点も意識されている。

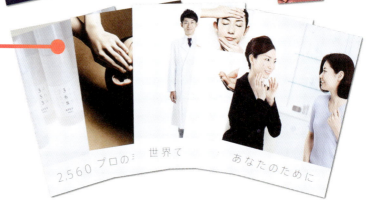

戦略性

個別対応や親近感など
DMは人の魅力を伝えられる最適な媒体

　ポーラのエステに一度来店した顧客に調査を行った結果、「特にない」「何となく」という明確ではない理由で、2度目の来店に至らないことが判明。一方で初回の来店での満足度が高いことから、フォロー次第で「また行ってみたい」という気持ちを呼び覚ますことができると考えた。そのためには、来店時のエステ体験の高揚感を保ち続けてもらうこと。そして、ポーラの理念や施術などへの理解を深めてもらうことが必須だと考えた。このことを伝える手段として、DMによるコミュニケーションを選択した。ポーラは「ポーラレディ」と呼ばれる販売員が専任制で接客対応を行い、顧客フォローは各担当者に委ねられているため、DMならば、そうした個人対応や親近感を補完するツールとして簡単に発送ができる。さらに、ポーラならではの長年のノウハウには、肌状態を科学的に分析し、3,600通りの組み合わせから個々に合った商品を提案する「APEX」や、プロの手によるエステなどもあることを理解してもらいたかった。

クリエイティブ

ブランド感を保ちつつ
親近感を醸成するクリエイティブ

　両開きの扉型のDMを開封すると、担当者の手書きのメッセージが目にとまる。初回来店時に対応してくれた販売員の顔

審査会の評価点	戦略性	★★★★
	クリエイティブ	★★★★
	実施効果	★★★★

目的	店舗への2回目の来店促進
役割	顧客とのコミュニケーション、販売員の意欲喚起
発送数	28,560通
効果	顧客継続率が10%アップ
ターゲット	一度店舗に来たことのある新規客

◆ 基礎情報

①企業概要(主な商品、サービス、ビジネス内容)
　化粧品・エステ・健康食品販売を中心に、「美と健康」に関わる事業を展開
②主なターゲット顧客層
　プロのアドバイスを参考に、自身で良いものを選択する美容感度の高い女性
③ダイレクトマーケティングツールの活用状況
　既存客に向けて、美容・新製品情報をお知らせ。また、新規客との関係構築のためのコミュニケーションレターとしてDMを送付

◆ なぜDMを使用したのか

新規顧客の定着率改善を目的に、しっかり信頼関係をつくるという戦略のもと、親近感を醸成する手書きメッセージを同封できるDMを選択。

staff
Adv 谷田部健士
AE 宮城瑛一
CD 根本美幸
AD 小林ゆう

BRONZE

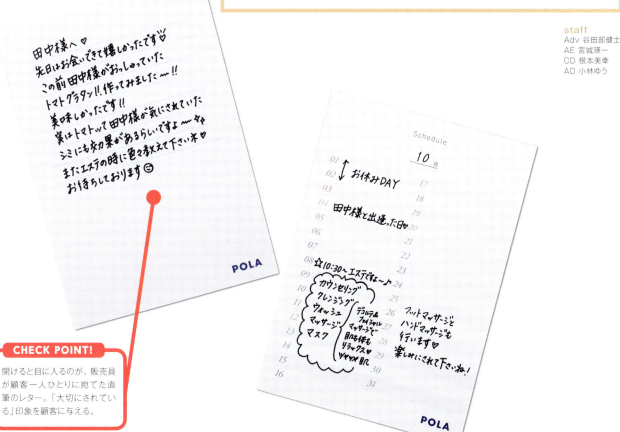

CHECK POINT!
開けると目に入るのが、販売員が顧客一人ひとりに宛てた直筆のレター。「大切にされている」印象を顧客に与える。

や対応を思い出す仕掛けになっている。サービスについては伝えたい内容を厳選し、シンプルに5枚のカードに集約。DMには販売員直筆のレターやスキンケアチェックを促すスケジュールなどが書き込めるカレンダーも同封。顧客が「とても大切にされている」と特別感を感じる演出を行った。

▶ 実施効果

さらなる顧客満足度を目指しノウハウを蓄積

　DM配送前の顧客継続率は年間30%であったが、DM導入後、継続率が40%に上がった。スキンケアの気持ちよさなど過去の体験をリマインドさせるだけでなく、次回来店時の期待感を高めることができた。

◆ DM診断

ここが秀逸!

販売員直筆のメッセージレターがDMを開封するとすぐ目に入ることで、「あなたを大切にしています」という気持ちが顧客に伝わる。また、日付を記入する欄があるなど、来店のモチベーションを高め、来店計画を立てたくなるような構成・ストーリーにも戦略性がある。

審査委員講評

DMの基本をしっかりと押さえつつも、イメージ中心のブランドと、訪問販売員との関係性という経験ブランドの両立を図った、チャレンジャブルなDMです。「なんとなくやめてしまう」人たちとの関係づくりという難しいテーマに挑戦し、販売員の意欲喚起を狙ったというのは本来のDMのあるべき姿です。
　　　　　　　　　　　　　　　　細野晴義

プログレッシブ賞

高校生と保護者の両方に配慮し
徐々に信頼感を醸成

教習所が代理店集客から直接集客へ方向転換したら
大成功! 高校3年生新規獲得DM

目的	新規顧客の獲得
役割	直接申し込みの獲得、来店誘導
発送数	3,500通×3回
効果	開校以来最高の入校者数を獲得
ターゲット	地元在住の高校3年生

▶広告主　飛鳥DC川口　　▶制作者　畠通

CHECK POINT!
高校生の場合、免許取得の許可や費用などについて保護者が大いに関係することから、保護者の安心感・信頼感を高めるメッセージを入れている。

▶戦略性・クリエイティブ・実施効果

礼儀正しさを心がけた挨拶状で
信頼を獲得

　自動車教習所の飛鳥ドライビングカレッジ川口は、地元在住の高校3年生を対象に、自動車免許取得を促す3回シリーズのDMを実施した。理由はこれまでの営業スタイルから脱却するため。業界の値引き合戦から一線を画し、代理店経由の集客から直接集客へのシフトを試みていた。また、教習所選びは保護者が主導で検討することが多いが、保護者世代が教習所に通った頃から同校の名称変更があったため、親世代を含めた形で認知度を向上する必要もあり、宛名に親の名前も記載した。
　ターゲットが受験勉強や就職活動中というデリケートな時期

であるため、徐々に関心と信頼を獲得できるように配慮してDMを制作。1通目では卒業生の無事故率から証明できる教習レベルの高さやアクセスの良さなどの周知を目的として自校紹介を徹底。2通目では柔軟性のある教習プランについての情報提供、3通目でクロージングをかける意味で具体的な決済方法を案内した。
　DMにとって大切な挨拶文は礼儀正しさを心がけて慎重に制作。送付時期は進路に敏感になっているため、感情に触れる表現は避け、保護者の信頼を得られるようにした。また、Z折の圧着ハガキであるため、読む順番に迷わないように配慮。マンガを多用したり、スタッフの顔を出したりして親しみやすい表現を目指した。
　4カ月間で3回DMを送り、3,500件の送付に対し161名と過去最高の入校生を獲得。代理店経由に比べ約3倍の投資効果を得ることができた。また、新規開拓DMということで懸念していたクレームが1件もなかったのは、挨拶状の礼儀正しさが奏功したと考えられる。

◆ DM診断

ここが秀逸!
ターゲットである高校3年生の状況を理解し考えられた内容となっている。免許を取りたいと思うのは本人だが、許可および受講料は保護者が負担することを踏まえ、宛名も保護者と連名で出すなど工夫している。申し込み施策を代理店の窓口からダイレクトメールに変更したことでコスト効率が上がった。

審査委員講評
地域に密着した、しかも、人間性を感じることができるコピーを含めたクリエイティブが成功の要因だと思う。大企業が作る大量のDMであっても、機械的イメージを与えたらダメ。人間性を感じられなければ反応を喚起できない。
ルディー 和子

プログレッシブ賞

歴史あるブランドの活性化に挑戦した連続アプローチDM

呉服の老舗 銀座 越後屋「企画展・セールのご案内」DM

目的	継続顧客化
役割	顧客コミュニケーション、来店誘導、休眠顧客の活性化
発送数	4回計4,000通
効果	ブランドイメージ向上
ターゲット	既存顧客

▶広告主　越後屋　　▶制作者　永井弘人（アトオシ）

CHECK POINT!

年間にわたって、紙のDMならではの表現で顧客の印象に残るクリエイティブとした。セール案内DMでは、「恵比寿講市」という文字の中に鯛を釣る恵比寿様がデザインされている。

戦略性・クリエイティブ・実施効果

ブランドイメージを残しつつ攻める姿勢を制作に表現

　創業260周年を翌年に控えていた呉服の老舗、越後屋は、企画展・セールの告知DMを新たに実施した。顧客の年齢層が高く、Webサイトを閲覧している人があまりいないため、情報を届ける唯一の手段としてDMによる案内は例年行ってきたが、無難にお知らせを伝えるだけになってしまっていたことが課題だった。そこで、逆にDMだからこそできることに着目。形状や表現に趣向を凝らして既存の顧客へ向け、歴史あるブランドイメージを大きく変えずに、ブランドを活性化させる試みとして残すべきものを残しながら、攻めの姿勢の感じられる表現を盛り込んだDM制作を目指した。

　今回のDMは、4回シリーズで行った。1回目は「春の衣裳展」で、トレーシング封筒の中からうっすらと春の予感が感じられるものにした。2回目は「老舗工房展」。六角形の形状の面白さを活かし、6つの出店老舗工房と、吉兆を表す六角の亀甲紋が重なるようにした。3回目は「錦秋衣裳展」で、経（たていと）・緯（よこいと）が織り成す、季節感・王道感を表現。4回目の「恵比寿講市」では、恵比寿様を文字で登場させ、光る素材を使うなどめでたいセールであることを印象づけた。

　DMを受け取って来店した顧客からは、「昨年までのイメージと異なり、新たな可能性を感じる」「今後、こうした企画が継承され盛り上がっていく、そのような期待感、印象を受けた」という声があった。同社のスタッフからも同様の声があがり、DM（＝紙の持つ力）だからこそできる表現・可能性があることを改めて認識できた。

◆ DM診断

ここが秀逸!

年間のスケジュールに合わせて4回送付しているが、それぞれが全く違う方向性で制作している点がユニーク。毎回新しいことにチャレンジしており、不統一であることがこの企業からのDMであることの統一感になっている。顧客に対して「新しいことに取り組んでいる」という印象を与えている。

審査委員講評

老舗としての伝統感を保ちながらも若さ・新しさ・勢いを感じさせるDMになっています。カタチ・材質・色を色々変えて見た目に大きな変化をつけられるというDMの良さをうまく活用しているのもいいですね。　　佐藤義典

プログレッシブ賞

楽しくて何度も見てしまう！
アニメが動く暑中見舞い

動いて楽しむ！記憶に残る暑中見舞い！

目的	継続顧客化
役割	顧客コミュニケーション
発送数	1,500通
効果	好意的な感想や新規受注を獲得
ターゲット	既存顧客

- 広告主　京田クリエーション
- 制作者　bong（京田クリエーション）

レンチキュラー印刷によるアニメーションイラストは、細かな部分にまで動きをつけ、どこが変化しているのか何度も確認したくなるように制作した。

戦略性・クリエイティブ・実施効果

暑中見舞いをただの挨拶ツールにせず作り手と受け手が楽しめるものに

42年の歴史を持つデザインプロダクションの京田クリエーションにとって、近年、クライアント企業に出す暑中見舞いや年賀状が単なる挨拶ツールとなっていることに課題を感じていた。そこで、「顧客へアピールできるせっかくのチャンスなので挨拶だけに使うのはもったいない」と考え、新しい技術やアイデアを使って楽しみながら挨拶状を作り、受け取った顧客にも、会社のサービスや制作工程の楽しさが伝わり喜んでもらえるようなクリエイティブ制作の機会と捉えるようにした。また、読んだ後そのままになってしまいがちなDMを、手元にずっと置いてもらえるような楽しめる仕掛けを作ることで、見るたびに同社を思い出してもらうことを狙った。

そこで、動くものに反応する人間の習性を利用し、動きを表現できるレンチキュラー印刷によるアニメーションイラストを制作。よく見ないと気付かないような細かい要素をたくさん散りばめることで、見るたびに新しい発見がある楽しいものにした。また、手元に長く飾ってもらえるような癖のあるかわいさ・デザイン性を意識。印刷の特性上、アニメーションの変化が大きすぎると、残像がちらついてきれいに見えないなどの問題があったので、イラストのどの部分を動かすのかにも気を使った。

DMを受け取った顧客からは、「楽しくて何回も見てしまう」「デスクに飾っている」「売っていないのか？」など、たくさんの好意的な感想が届いた。また、同様のレンチキュラー印刷とアニメーションイラストを使ったクリスマスカード制作の受注や、他商品へ展開したいという相談もあるなどビジネス上の成果にもつながった。

◆ DM診断

ここが秀逸！

とてもシンプルな仕組みだが、遊び心があって、ついつい見入ってしまう魅力がある。いまや、パソコンやスマートフォンでウェブ動画を見ることが増えているだけに、かえってこうしたアナログ・レトロなものが目を引いて新鮮味がある。

審査委員講評

「どきどき・わくわく・うきうき工場」のキャッチフレーズが見事にデザイン化された作品。特殊印刷を駆使するなど、クリエイティブ性の高さと同時に自社の戦略性もアピールできている。　　　　向田 裕

プログレッシブ賞

四季折々の街の魅力を伝える
毎月の便り

スウェーデンヒルズだより

目的	継続顧客化
役割	来店誘導、注文促進、Web・モバイル誘導、休眠顧客の活性化
発送数	約600通
効果	説明会・宿泊体験の参加者増加、コミュニケーション活性化
他媒体との連動	Webサイト、携帯サイト
ターゲット	資料請求者、説明会参加者

> 広告主　スウェーデンハウス　　> 制作者　アドミレーションセンター

CHECK POINT!　現地の建物と同じ木材で作ったオリジナルのカードスタンドを説明会参加者に配布。ポストカードを部屋に飾ってもらうことを狙った。

CHECK POINT!　宛名面にはスウェーデンヒルズに住んでいる友人が手紙を送ってくれるようなトーンのメッセージが書かれている。その下には無料宿泊体験のQRコードを掲載した。

戦略性・クリエイティブ・実施効果

友人から送られてくる
便りのイメージで制作

　札幌郊外にある分譲住宅地スウェーデンヒルズの魅力を知ってもらうには実際に来てもらうのが一番。しかし、主な顧客は首都圏、関西圏などの都市部在住者であるため実際にはなかなか難しい状況だった。そこで、スウェーデンハウスは四季折々の街の魅力、暮らしの気持ちよさを知ってもらおうと2010年から毎月大判DMを送っている。

　送付対象は資料請求や、説明会などに参加した人で、継続的にコンタクトを取るのが目的。Webサイトへの誘導も含め、問い合わせを経て、実際に会って話ができるきっかけづくりを目指している。

　DMの写真やコピーライティングは、スウェーデンヒルズに住んでいる友人からの便りのように制作。親しい人が大好きな自分の街の近況を毎月送ってきてくれるというイメージにした。受け取り時期と季節感とを合わせるため、実際の写真撮影は1年前に行うなど、周到な準備をしてのDM制作が行われた。北欧風の街並みが最も綺麗に再現されるよう用紙は艶感のあるものを使用。また、少しでも長くDMを見てもらうために、説明会参加者には現地の建物と同じ木材で作ったオリジナルのカードスタンドを配り、部屋に飾ってもらえるようにした。

　何よりきれいな街並みを見てもらうのが一番の狙いなので、手にした瞬間に目に入る大判DMはこの狙いに適していた。その上で、スウェーデンヒルズの詳細を伝えるために、Webサイトや携帯サイトに誘導し会員登録も呼びかける仕掛けを用意。このDMをきっかけに、説明会や現地での宿泊体験への参加者が増え、見込み客とのコミュニケーションが活性化するなどの効果が出ている。

◆ DM診断

ここが秀逸！
季節のポートレートとして全面に使われている写真が美しい。四季折々の街の魅力を伝えることで、現地に行きたくなる印象を与えている。訪れるきっかけとして、ポートレートを飾れるスタンドをプレゼントすることで「飾る楽しみ」を演出。毎月送るところに、コミュニケーションを重視する企業姿勢が感じられる。

審査委員講評

リレーションDMのグッドサンプルです。来月が楽しみな「期待」されるDM。飾っておきたいという気にさせるセンスの良さ。ブランディングにも貢献しているDMだと思います。　　　　大槻陽一

プログレッシブ賞

目立つ大判サイズで届く自動車の点検・車検案内
スズキアリーナ富津の「アフターケア」

目的	継続顧客化
役割	来店誘導
発送数	50～100通
効果	申込み・来店率40%
他媒体との連動	折込チラシ、ポスティング
ターゲット	既存顧客

▶広告主　スズキアリーナ富津　　▶制作者　スズキアリーナ富津、DMファクトリー

顧客の購入からの期間に合わせたメンテナンスを案内。セールスの色をなるべく感じさせないようにしている。

顧客のセグメントによって提供するオファーを変化。有効なオファーを見つけ出し、次に活かした。

戦略性・クリエイティブ・実施効果

購入タイミングに合わせたアフターケアの丁寧な姿勢をアピール

　スズキの正規ディーラーであるスズキアリーナ富津は約4年前に千葉県富津市に進出。その地域ではスズキを含む他の自動車メーカーを扱う販売会社があるため、店舗を認知してもらうことが一番の課題だった。また、自動車ディーラーはセールスに注力しがちだが、販売後の顧客コミュニケーションの継続が重要であると考え、ディーラーが販売後まで責任を持ってメンテナンスを行うという姿勢を既存顧客に訴えかけていく必要があった。そこで今回、車の法定点検や車検の案内DMを実施した。

　まず、届いた時に目立つように、A4の大判サイズを採用。要点がわかりやすいようにデザインし、オファーとしての特典券、連絡先の電話番号もひと目でわかるようにした。また、利用者が気になる金額や点検の内容、代車の有無、支払い方法などの疑問を明らかにし、ユーザーの声も掲載するなど、DMとして必要な基本ポイントを押さえた。さらに、車を購入したタイミングごとで顧客のセグメントを行い、それぞれに別のオファーを提供。どのオファーが有効であるかもテストして、次回のコミュニケーションに反映させた。制作はコスト効率を重視しDMファクトリーを利用した。

　これまでは小さなL判はがきで他の郵便物に埋もれていたが、A4サイズにしたことで手元に残してもらえるようになり、同店への連絡へとつながっている。車の知識がなくて不安を感じていた女性客からも、内容が把握できるので安心して予約ができると好評だった。

◆ DM診断

ここが秀逸!

点検、車検などの案内を時期に合わせて送り、リマインドを促すというのは多くの販売店で行っているが、A4と大判サイズで送ったことで情報量が増えつつも、内容が整理されてわかりやすい。また顧客に合わせてオファーを変えていることも、丁寧な印象を与えることに役立っている。

審査委員講評

自動車購入までの店側の熱意が、購入後もお客さまに伝わるべきという考え方は、アフターセールスにおいて必須。A4の大型DMで存在感をアピールし、整理された情報提供が効果につながった。
　　　　　　　　　　　　　　　　　　　　　　鶴田信夫

プログレッシブ賞

データを活用した
インパクトあるメッセージ

リアル店舗と宅配事業をつなぐ、新規店舗加入者向けDM

目的	見込み顧客の発掘
役割	注文促進
発送数	毎週500～1,000通程度
効果	レスポンス率10%アップ
ターゲット	店舗での新規加入者

広告主 生協の宅配おうちCO-OP（生活協同組合ユーコープ）　　**制作者** アイプラネット

CHECK POINT!
店舗と宅配の併用率データをクリエイティブに落とし込み、イラストを交えて目立たせ、顧客に気付きを促している。

戦略性・クリエイティブ・実施効果

データを活用することで
店舗と宅配の連携を推進

　ユーコープは、神奈川、静岡、山梨の3県にまたがる、組合員数約180万人の生活協同組合。おうちCO-OPは、その宅配サービスだ。新規顧客獲得の施策として、従来は店舗での新規加入者に毎週1回、宅配サービスの案内DMを発送していた。しかし、店舗と宅配の併用を進めていくと一方の利用金額が下がってしまうなどの懸念があり、互いの連携が図られず、DMの内容もお知らせ程度のもので効果を出せていないのが課題だった。

　2014年4月からは全事業利用推進プロジェクトチームを発足させ、店舗と宅配の併用利用率などのデータ活用を進めた。すると、店舗と宅配の併用率が高いことがわかったため、DMで伝える内容を一新。このデータをクリエイティブに落とし込むこととした。たとえば、キャッチフレーズはインパクトを重視しつつ、5人に1人が店舗と宅配を併用しているといった顧客データに基づいた具体的な数値を活用して、店舗と宅配の併用をアピール。また、今までに無かった「利用者の声」も掲載。着目率を上げるために、従来のDMより大判にし、黄色を大胆に使用。さらに、注文カタログと買い物袋を持って目をキラキラさせている女性キャラクターのイラストを入れて親しみやすくした。

　これにより以前のDMと比べてレスポンス率を約10%引き上げることに成功。また、問い合わせなどのレスポンスに対してすぐに対応することを心がけたことで、その後の加入率も上昇し、全事業利用推進への意識も職員の間に芽生えた。利用者の声をDMに掲載したことで一方的な情報にならず、顧客から「そういう使い方もあるんですね」という声も届き、説得力があることが立証された。

◆ DM 診断

ここが秀逸!
大判DMにしたことでコピーが目立ち、そこから詳細を読ませる流れになっている。また、店舗と宅配の両方を使っている人のデータや利用者の声、オファーなど、情報を盛り込みながらもうまく整理してレイアウトされている。それがレスポンスの向上につながった。

審査委員講評
わかりやすいの一言ですね！ なぜわかりやすいのか？それはたった1枚の中にDMの基本をしっかりと盛り込んでいるからです。対象者と市場との関係を示すコピー、オファーの見せ方、裏面の引き込み、レスポンスへの引き込みなど、見事です。　　　　　　細野晴義

プログレッシブ賞

インポートシューズ購入に役立つサイズ変換表を掲載

BLOCHトゥシューズ入荷告知1&2

目的	継続顧客化
役割	注文促進、来店誘導
発送数	1回目4,200、2回目2,953、計7,153通
効果	購入率22%
他媒体との連動	携帯サイト、店舗
ターゲット	既存顧客

● 広告主　チャコット　　● 制作者　まどか

インポート商品ならではのサイズ変換表という、受取手が必要な情報を記載して価値を高めている。

戦略性・クリエイティブ・実施効果

顧客の気持ちに寄り添い入荷お知らせと価格改定を効果的に伝達

バレエ・ダンス用品製造小売りのチャコットは、同社が輸入販売しているBLOCH社のインポートトゥシューズについて、納期が不安定である課題があった。今回、半年以上の遅延分の入荷に際し、携帯サイトやWebサイトでの告知に加え、TELコールとA4サイズの大判DMをミックスして、お詫びとお知らせを実施した。

円安による価格改定もあったが、値上げ前の購買を促進することで、顧客の心理的負担を和らげるよう配慮した。

DMの宛名面には、インポート商品ならではのインチ⇔センチメートルのサイズ変換表を記載して、わかりやすい商品選択を促進。店頭での、顧客・販売スタッフ双方のストレス軽減を図った。さらに告知面には、トゥシューズに関連する便利グッズのストレッチトゥリボンを掲載。加えて憧れのダンサーの驚異的なバレエテクニックを堪能できるDVDを紹介。顧客の夢や憧れへとつなげた。

納期と価格に関する一見ネガティブな情報を、不快の軽減・便利の告知・夢や憧れにつながる紹介の「三位一体」へと昇華させ、顧客にとって「知らせてもらってよかった」というポジティブなものになるよう努めた。

DMの効果は大きく、とりわけ第2弾投函の2,953通は37%もの購入率を記録。DMの「届いた」感や「実際に手にして確認できる」感とあわせて好評を博した。DMで紹介したトゥリボンも好調に推移し、通例月に200点前後売れるものが、20日間で400点を超える販売実績となった。

◆ DM診断

ここが秀逸!

サイズ対応表が顧客にとって役立つ情報となっており、そのまま店舗に持っていくことが容易に予想できるとともに保存性が高い。また、大判で送付することで対応表が読みやすく、ポストの中でほかのはがきDMに埋もれることを防いでいる。顧客の購買心理をつかんだことが成果につながった。

審査委員講評

ある意味でDMの原点。人気商品の入荷スケジュールと点数や価格をタイムリーに伝える、という内容ですが、顧客ニーズにしっかり応えた必要にして十分な内容が好感を持てます。

椎名昌彦

プログレッシブ賞

ニュースリリース風DMが本当のニュースリリースに発展

マスメディアに注目される
ニュースソースを含んだDMプロモーション

目的	継続顧客化
役割	来店誘導、Web・モバイル誘導
発送数	月間200通
効果	新聞4紙に掲載
他媒体との連動	Webサイト
ターゲット	既存顧客

● 広告主　〜わ〜ダイニング トランブルー　　● 制作者　町田晃

CHECK POINT!

ニュースリリース形式のDMを毎月送付したところ、試みの珍しさもあり新聞4紙に取り上げられた。広告料金に換算すると製作費の40倍もの費用対効果となった。

戦略性・クリエイティブ・実施効果

雑居ビル4階という立地を印象的なDMでカバー

雑居ビル4階にある飲食店トランブルーは、1階の路面店のようにただ待っていれば来客があるような環境にはない。一度来店した顧客の口コミ効果による新規顧客獲得が課題であり、顧客管理が売上げアップのキーポイントと認識していた。顧客の印象に残るマーケティングツールは何であるかを模索した結果、個人の店でニュースリリースを出すケースはほとんどないことに着目。そこで、DMをニュースリリース風に編集して制作することにした。

DM発送のための顧客リストは名刺交換をして入手し、ゆうメールで毎月200通発送した。すると、顧客の一人がそのDMを勤務先の広報担当者に紹介。それがきっかけで新聞2紙に掲載されることとなり、顧客の目を引くためのニュースリリース風DMが本当のニュースリリースとなった。

その後も回数を重ねるごとに挨拶文や商品情報を掲載したチラシを同封してバージョンアップをし、毎月セグメントを行いながらDM送付を継続していると、さらに新聞2紙に掲載された。計4紙に掲載され、取り上げられたスペースの合計は約紙面の半分。それを新聞の広告料金に換算すると、DM製作費の40倍もの費用対効果となった。

また、毎月のDMに、飲食店総合サイト「ぐるなび」で取り組んでいるイベント内容を紙面に盛り込むとともに、ぐるなびから簡単に予約ができるようにQRコードやURLを掲載。するとDMの新聞掲載効果とぐるなびキャンペーン効果により、同店のアクセス数が通常の3倍近くにまで増加した。

◆ DM診断

ここが秀逸!

企業のニュースリリース風にすることで、受け取った人がつい読んでしまうようにできている。また、グルメ情報サイトとは異なる情報発信の仕方で、「紙のDMで読みたい」という仕立てになっている。毎月ニュースリリースを送れるよう、来店者から名刺を受け取ることが店舗で仕組み化されているのが良い。

審査委員講評

郷土料理店がおしゃれな街、赤坂で営業。料理内容とミスマッチな店名。食材へのこだわり。いかにもマスコミが取り上げそうな演出がちりばめられた作品です。

伊澤正行

Final 全日本DM大賞ファイナリスト

一次、二次審査を通過し、最終審査まで進んだものの、惜しくも入賞を逃した32作品を紹介します。

愛宕倉庫ビジョンブック

- 広告主　愛宕倉庫
- 制作者　ジェイアール東日本企画、ADK

一般的になじみのない倉庫会社としての取り組みを真摯に伝える目的で制作。同社のDNAとも言える、創業者の志を言葉として表現し、顧客への想いと従業員の想いをつなげるものとした。新規でのコンタクト率が40％アップ。

AudiフェアDM「Audi TT S line Fair」

- 広告主　アウディ ジャパン
- 制作者　電通イーマーケティングワン

特別装備の限定車を訴求。原寸大のステアリングホイールの中にすべて正円に切り抜いたリーフレットを封入。限定車を美しく彩るエアコンダクトやフューエルキャップの美しいデザインの魅力が体感できるクリエイティブとした。

The new Audi A8 debut オーナー向けプレセールスDM

- 広告主　アウディ ジャパン
- 制作者　電通イーマーケティングワン

Audi最上位モデルのリニューアルに伴い、ディテールの精度への自信をビジュアル表現で伝えられるB3サイズの大判DMを企画。細部まで磨き上げたAudiのホスピタリティが隅々から感じ取れるデザインを目指した。

温泉山荘だいこんの花 バースデーDM

- 広告主　一の坊
- 制作者　ユーメディア

温泉山荘のリピート促進のためにバースデーDMを実施。宿で誕生祝いをする写真にイメージバリアブルを使用し顧客の名前と誕生日を入れ、支配人の直筆サインを添えた。誕生日に限らず、さまざまな記念日の利用につながった。

春の釣りフェア ポイントカード上得意様 クーポン券ご優待

- 広告主　イチバンエイトグループ
- 制作者　ウォークデザイン事務所、太成二葉産業

春に釣りを再開してもらうために、ポイントカード優良顧客に対し、買い上げ実績に応じて金額がアップするクーポン券を進呈。釣りのぬり絵コンテストの実施で家族全体の釣りファン化を目指した。来店率は79.1％を記録。

かみやま農園 さくらんぼ祭り（小さな鳥り物帳物語）

- 広告主　かみやま農園
- 制作者　上山保治・深谷涼子

さくらんぼのおいしさを最も熟知していると考えられる小鳥をビジュアライズ。ぷっくりとしたさくらんぼ独特のふくらみを出すために、特殊なエンボス加工を行った。ノベルティにはさくらんぼ箱を包む風呂敷を用意。

①今年も"ハルミー"でBE Happy! ②こんなにお値打の"ボージョレー・ヌーヴォーあるだろうか。

- 広告主／制作者　京晴

ボージョレー・ヌーヴォーの販促を目的に、品質の4つの基準を明示。品質への絶対の自信から、「飲みかけでもご満足いただけなければ全額返金」の言葉を掲げた。親しみやすさ醸成のために、笑顔の写真を掲載。

機能系紙媒体『a+print（あ・ぷらす・ぷりんと）』

- 広告主　三進社
- 制作者　三進社、プロシード（スタジオリマップ）

紙なのにアクセス解析ができるツールの認知拡大を目的に、どんな仕掛けなのか興味を喚起しながら必要なARアプリをダウンロードしたくなるようにデザインを工夫。印刷会社の制作物には見えないインパクトあるDMとなった。

まるごと送付！新小学一年生「無料教材サンプルセット」DM

- 広告主　小学館集英社プロダクション
- 制作者　カラビナ

通信添削学習「ドラゼミ」への入会促進を図るために、実際の教材の中から楽しく取り組めそうな問題を選び出して「サンプルブック」を制作。入会後のミスマッチ軽減を目指し、入会転換率は28.6％を記録した。

最上位おもてなしの徹底訴求でリターン4倍DMを実現！JCB ザ・クラス ランクアップDM

- 広告主　ジェーシービー
- 制作者　共同印刷

最上位カードへのアップグレード促進のために、高級感を演出したオファーや特別なサービス訴求を行うとともに、紙質・素材・色にもこだわった。制作単価は上がったが反応率が大幅に上がったため、CPRが改善された。

元優良休眠顧客へのカムバック施策が、DMクリエイティブ改善によりコンバージョン率11.5倍に！

- 広告主　医療法人　新産健会　LSI 札幌クリニック
- 制作者　フュージョン

PETがん検診の再受診を促進。DMを受け取った顧客が、その場で受診を検討・予約できるように配慮した。検診で体をよく見ることを「ルーペ」で表現し、封筒にルーペを模した窓を付け、中を見せることで開封を促した。

自社移転案内

▶ 広告主／制作者　スタジオ・キュウ

一軒家への移転を機に移転案内を制作。郵送箱を開けると中は箱庭という仕掛けで、新住所の地図上には新社屋に見立てた家形の箱を設置し、新名刺は近隣住宅をイメージした。また、良き打合せを意味する紙グッズをしのばせた。

大初夢フェア2014

▶ 広告主　ダイハツ北海道販売
▶ 制作者　インサイト

カーフェア告知のために昨年導入したプルトップDMが大成功だったため、本年も同形態で実施。「話題の商品が当たる宝くじ」や「もれなく当たるお年玉プレゼント」を盛り込み、本年度も昨年以上の来場を得た。

「my ディセンシアストーリー」〜「今」に合わせた分岐型コミュニケーションプログラム〜

▶ 広告主　ディセンシア
▶ 制作者　ダイレクトマーケティングゼロ

会員のLTVを高めるために、非定期や休眠など、それぞれ違うストーリーを歩む顧客に個別プログラムを実施。さまざまなセグメントキーで顧客のDMストーリーを分解し、各分岐点で個別の提案を行った。

介護施設従事者の思いに訴えかけるDMで新規開拓に成功!

▶ 広告主　日本ケアサプライ
▶ 制作者　フュージョン

介護施設での食事サービス認知向上のために、お年寄りがおいしく食事ができるシーンをイメージできるように制作。施設で働く人の悩みや困り事の解決をしながら訴求し、スタッフに見てもらえるように「回覧確認欄」を設けた。

Microsoft Azure 対応支援プログラム

▶ 広告主　日本マイクロソフト
▶ 制作者　WPP マーケティング・コミュニケーションズ

多様なニーズに応えるクラウドサービスであることを、クラウドをイメージさせる雲のデザインとブランドキャラクターの着せ替えで表現。リーフレットは型抜きを行い、同梱物をまとめるタトーと重ねるとデザインが完成する。

地蔵温泉　十福の湯　会員様バースデーDM

▶ 広告主／制作者　日本レクシー

天然温泉の入場無料券を付けたバースデーDMで温泉バースデーという新しいスタイルを提案。開封時に森の音楽隊が現れる驚きと、森の中で本当に演奏しているような臨場感にこだわって制作し、約34％の来館率を達成した。

MINI クロスオーバー バレンタインロード DM

- 広告主　ビー・エム・ダブリュー
- 制作者　ビーコンコミュニケーションズ

バレンタインに合わせてデビューしたチョコレート色の特別仕様車のためにチョコ風DMを制作。チョコの匂いがする紙を使用し、チョコらしいフォントやレイアウトを採用。原産国や成分表示など徹底的にパロディにした。

きき湯入り おもてなしレター

- 広告主　パナソニック
- 制作者　大広、スタジオ・アーク

防水ポータブルテレビのキャンペーン応募者にレターを送付。中面にバスタブをモチーフにしたポップアップの仕掛けを施しながら、入浴剤「きき湯」をセットすることで、お風呂でテレビを使用するイメージを喚起した。

家電商材における "買ってくれ層" 分析DM

- 広告主　パナソニック
- 制作者　博報堂プロダクツ

プレゼントキャンペーンでの実機落選者へ向けた離反防止DM。応募アンケートの内容を分析し、高確度の"買ってくれ層"を抽出して実施した結果、一定の効果が得られ、One to Oneマーケティングの有効性を示した。

クライアントとの絆を「ギュッと結ぶ」赤いリボンのサプライズ年賀状!

- 広告主／制作者　フュージョン

取引先企業への年賀状では、カードを開くと結ばれる赤いリボンのサプライズで、同社の目指している「企業」と「消費者」をつなぐ姿を表現。年始の挨拶で手渡すノベルティの飴は、薬袋に入れて処方薬のようにした。

2014 秋 セキスイハイム お客さま大感謝祭

- 広告主　北海道セキスイファミエス
- 制作者　インサイト

イベント告知を目的に、お菓子のパッケージのようにつまみを引っ張って開封するプルトップDMで興味を喚起。中面も大きな広告スペースとして有効活用した。昨年の来場実績に対し、100組増となり目標をクリア。

冬のギフトカタログDM

- 広告主　ほんだ菓子司
- 制作者　みねのブランディング

お菓子のギフトカタログに加え、同社のブランドコンセプトであるりんごをモチーフとした「りんご型コンセプトブック」を同封。りんごを使った歴代商品の成り立ちや作り手の思いを、ポップなデザインで伝えた。

FINALISTS

「MASERATI 100TH Anniversary in Japan.@KYOTO KIYOMIZU-DERA」招待状DM

- 広告主　マセラティ ジャパン
- 制作者　トーキョーナッツ

京都清水寺での100周年記念イベントの招待状として、日本を象徴する建造物である「清水寺」とイタリアブランドの象徴「マセラティ」の融合を表現。特別限定の記念メダルも制作し、長く手元に残せるように作り込んだ。

ホームギャラリー（住宅展示場）来客促進DM

- 広告主　三菱地所ホーム
- 制作者　ライトパブリシティ

住宅展示場への集客を目的にしたDM。訴求内容をテーマにしたアイデアで形状に工夫を凝らすなど、全3回の実施でそれぞれに目にとまり、思わず開封したくなるDMをめざした。前年と比べ、来場者数の増加に大きく貢献した。

化粧水発売キャンペーン

- 広告主／制作者　未来

新商品の発売に際し、どんな商品かを顧客がイメージしやすいように、実物大のマグネットを封入。箱に入れて送りカタカタと音を鳴らせることで、中身に興味を抱かせ開封を促した。DMの結果、従来の約3倍の受注につながった。

お客様の「わかりやすい」を忠実に。【NextDMキットプロジェクト】

- 広告主　メットライフ生命
- 制作者　DNP メディアクリエイト

調査結果を基に、顧客から最も求められている「保険料」と「保障プラン」の情報を1枚のシートにまとめ、より詳しい保障を知りたい方のために専用の資材を用意。保険の検討プロセスに合わせて情報を整理した。

ロイヤリティを高め定期継続の魔法をかけるスペシャルギフトキャンペーンDM

- 広告主　ラ・ミューテスタイル
- 制作者　ダイレクトマーケティングゼロ

定期申込者には定期継続とロイヤリティアップ、非定期者には定期引き上げを狙ってDMを実施。同社の社員が手づくりした封蝋を付けることで特別感を演出し、ギフトは高級感を出すために豪華天然石のチャームにした。

プログレッシブ賞ファイナリスト

焼肉レストラン「六本木焼肉 Kintan・表参道焼肉 KINTAN」来店誘導DM

- 広告主　カルネヴァーレ
- 制作者　永井弘人（アトオシ）

投函される他のDMとの差別化を図るために、形状は店舗ロゴマークを囲む型抜きにし、紙は存在感のあるGAファイルを使用。印刷は蛍光特色を使用し、ポストをのぞき込んだ時の驚きと喜びを来店につなげようとした。

接触者向けDMシリーズ「雪」「桜」

- 広告主　中京学院大学
- 制作者　進研アド、美橙

資料請求をした高校生に、再接触と春イベント来場を促すために実施。メインターゲットが女子であることから季節感を大切にし、形状を1月の年賀状は雪の六角形、3月のイベント告知は桜の五角形にして存在感を高めた。

タブレット訴求タウンプラス

- 広告主　ティーガイア auショップ千代台
- 制作者　日刊スポーツ広告社

A4圧着という形状を採用し、表面には提案商材であるタブレットを実物大で掲載して開封を促進。レスポンス率は他媒体での広告掲載と比べて20倍となり、実施翌月からの販売台数は平均してそれまでの2.5倍になった。

乗馬クラブから午年の縁起モノをお届け "幸運を呼び戻す"「馬の毛」年賀状

- 広告主／制作者　十和田乗馬倶楽部

2014年は午年であり、乗馬クラブならではの馬にちなんだ年賀状DMを企画。会員が普段乗ったり手入れをしたりしている馬の毛を実際に贈ることにした。毛は所有馬のたてがみや尻尾から少しカットして、手作業で貼り付けた。

進むBtoB分野でのDM活用とステップメールの精緻化
ソーシャルメディア連携など新しい可能性も

業種、業態や企業規模の大小など、バリエーションに富んだ応募作品が集まった第29回全日本DM大賞の応募総数は720点。その中から選ばれた受賞作品の数々は、ターゲットの明確化など戦略がより精緻化され、デザインも洗練。年々、作品のレベルが底上げされており、賞を分けたのはわずかの差で、いずれの作品も拮抗状態だった。効果測定やPDCAサイクルが浸透した結果、成功の法則や時系列展開にひとつのパターンが生まれつつある。成功するDMの黄金則を踏まえた作品の一方で、ソーシャルメディアの活用など、これまでにはない「新機軸」の萌芽も見られた。今年の選考会を振り返る。

商談創出、新規顧客開拓営業など
ドアノックとしてのDM活用が目立った

嶋口：長年審査委員をやっていますと、作品のレベルが年を重ねるごとに高くなっていることを痛感します。今年はトッパンフォームズが2作品合わせて金賞およびグランプリを受賞しました。審査を終えて、皆さんの雑感をお聞かせください。

鶴田：今回はBtoBのDMが増えたように感じました。受け取った人から決定権者までに届くことまでも見越した仕掛け・クリエイティブでDMを活用し、商談創出に成功したグランプリ作品をはじめ、その名も「営業DMちゃん」と命名されたNTTコミュニケーションズの新規顧客開拓DM、名古屋地域限定のNTTドコモ東海支社、そして初登場でクロスメディア賞に輝いたSquareなど様々でした。

BtoBの顧客はその属性やニーズなど企業が解決しなければならない問題が非常に多様です。ビジネスパーソンがすべての顧客を廻るわけにはいかないので自社サービスや顧客に提供できるベネフィットをロジカルに訴求する必要があります。そうした用途でDMが効果的に活用されたケースが多かったのではないでしょうか。

**受け取ったとき
取っておきたいと
思うのが良いDM**
嶋口充輝 審査委員長

ルディー：景気が上向きになったことも影響しているのかもしれませんが、大変質のよい作品が多かったように感じました。レスポンスの可能性が高いターゲットにシリーズ配信したり、二度目の来店を促したり。DMの目的や役割がはっきりしており、事前テストやセグメンテーションにコストをかけられたせいかもしれません。いわゆる科学的な手法にたけたDMが多かった中で、長坂養蜂場やルタオなどDM本来の「私信」のよさをきちんと伝えることに健闘していた中小企業の作品も光っていました。

佐藤：解決したい課題が明確な作品が増えたことは評価したいです。郵船クルーズが世界地図を時系列配信していました。すべてをつなぎあわせると航海する旅の過程をイメージさせ、その期待感でキャンセル率を下げるなど、発想がよかった。紙媒体でなければできない試みだと思います。ちょっと気になったことは複数配信型の時系列展開のフォーマットがパターン化してきている点です。緩いアテンションからはじめて「最後のチャンス！」をうたう最終信の背中押しに至るまで、何というか、独自性がないというか。効果測定がしっかり浸透した結果として編み出された、喜ぶべき成功の黄金パターンなのかもしれませんが。

細野：私は逆に時系列展開の配信がひとつのパターンとして定着したことを嬉しく感じています。毎年、啓蒙してきたことでもありますし（笑）。今年の審査を一言で振り返るなら「面白かった」ですね。確かに長く審査をしていると作品に現れる施策のバリエーションも定着してくるので、どうしても一目で何のDMなのかがわかるようなものが増えてほしいと思ってしてしまう面があります。そうした心境もあって、うちナビの、必ずしもDMのセオリーには合わなくても思わず笑ってしまうようなクリエイティブが新鮮に映りました。

**シンプルで
斬新なアイデアが
もっと増えてほしい**
細野晴義

大槻：確かに。シンプル・イズ・ベスト！ ではないですが、いい意味で枠を外す一発芸的な試みや、あえて引き算の発想から生まれる

作品がもっとあってもいいと思います。

伊澤：うちナビの作品は、シンプルだけど、ああ見えて、なかなかセンスを要した作品だと感じました。そのほかにも個人的には商品券を一枚同封しただけのウィズラブインターナショナルの作品は好感が持てました。小さな会社ながら社員一丸となってお客さまの誕生日をお祝いする、あの手作り感。すべて手書きで、あまりコストをかけずに制作されたDMなのに最終選考まで残って銀賞を受賞したのは何と言うか感慨深いです。DMは「我々の自慢の商品がこの価格で購入できます」とか「あなたにとってこんなベネフィットがあります」とか、あれもこれもメッセージを盛り込みたくなるものですが、あえてそこを一切削ぎ落としたことで伝わる大切なことを再確認させる作品だったように思います。

大槻：手書きのよさを再確認させたという点ではネットプライスの作品もよかったです。社長自ら3枚にわたる長い手紙を書いていました。フィーチャーフォンのサービス終了というのは言ってしまえば、自社都合のお知らせです。一方的な通告型が多い中、感謝の気持ちと代表者が本当にお客さまを大切に考えていることが伝わるいい流れで、コピーとしても優れていました。

メッセージを
絞り込むことの
強さを再認識しました
伊澤正行

企業のイメージを商品に盛り込む
DMは信頼感を醸成するもの

向田：古典的ではありますが、確かに非常に好感のもてる手書き風アプローチでしたね。
ただ、読みやすさの点で言えば、本文は印字入力のほうが伝わりやすかったのでは？ という思いも残りました。それでも企業としての方針や代表の心意気は伝わりました。
「どの店から買うか」「どんな付き合い方をしたいか」。実はお客さまはDMを見ながら決めています。企業のイメージを商品の中に盛り込むことが信頼の刷り込み、マインドの醸成をしていることを作り手は忘れないでほしいです。

企業イメージを
商品に込める
ことが大切です
向田 裕

明石：その指摘はよくわかります。今年は戦略性も大事ですが、さらに心理的なアプローチ、つまり「気持ち」の部分にこだわって審査に臨みました。一度購入・来店したけれど、次につながらない顧客のリテンション目的のDMの場合、「かゆいところに手が届き」、

戦略性だけでなく顧客の気持ちに寄り添っているか
明石智子

顧客のニーズを満たしているか、そのポイントを見ました。その意味でルタオの1年間有効期限を設けたパスポート式のDMや解約したお客さまに対し、「つながりやすさNo.1」という企業努力を訴求したソフトバンクのDMはとてもよくできていました。惜しくも受賞から漏れましたが、三菱地所ホームのDMもよかったです。もともとポスターで訴求していたメッセージを今回DM展開したものでしたが、同封されたアンケートは、住宅購入を皆で検討できるように家族で楽しめる仕掛けになっていました。

鶴田：気持ちを動かす意味で、DMのアナログ的な良さを発揮していたのは長坂養蜂場の作品でしょう。ミツバチ（38）にこだわってお客さまとの初回コンタクトから38日目を勝手に記念日としたインパクトや切手をデザインに組み込むディテールにまで送り手からの気持ちが込められていて感心しました。

椎名：3～4年前では想像もしなかったくらいDM制作のスキルが上がり、レベルが底上げされ心強いです。その反面、常連企業の作品は高度に精緻化されたゆえのパターンが出来つつあり、やや没個性になっているかもしれません。審査する側としては、やはり新機軸を期待してしまいます。今年は銅賞以下のレベルはいずれも拮抗していて審査が難しかったです。その意味でも、差し出し手の顔が見えるアプローチ、店員の人柄がにじむような肌触り感のある生身のコミュニケーションをいかにうまく引き出せるかが重要なテーマになっていると感じました。その点、ポーラの作品はよくできていましたし、審査委員特別賞クロスメディア部門を受賞したSquareの作品は着眼点が面白かった。

鶴田：ネットを使ってクライアントの潜在顧客となる人達のニーズを調べて、その材料とリクエストを基にクライアントにお知らせDMを送るものでした。自社サービスの案内が嫌味なく適度に感じられるつくりでした。

ルディー：まずはDMを送って「詳しくはWebで」という従来の流れを覆す、かつてなかった新しい方向性を感じさせました。最初に自社のクレジット決済サービスを直接アピールするのではなく、順番を変えてみる。その発想が今回は高く評価されました。

BtoB分野でのDM活用の幅が拡大しています
鶴田信夫

椎名：クロスメディアという点では、がっちりマーケティングのプロセスを踏んだいわゆる王道的な作品がなかったことが残念でした。その中で、みずほ証券の実直な取り組みは評価したいですね。金融業界特有の記載しなければならない条項や規約がある中で非課税枠がいくらなのかバリアブルの活用で個人個人に訴求したクリエイティブをはじめ、誘導したWebサイトはしっかりパーソナライズされていた点もよかったです。

明石：次回への期待という観点では最終的なゴールまでの「つなぎ」としてのDMの効果をもう少し考えた上で、仕掛けやコピーを工夫する作品が増えるといいですね。

既存パターンから脱却した新機軸の作品に期待
椎名昌彦

最終審査委員 座談会

ますます面白くなる プログレッシブ賞に期待大

佐藤：今年はプログレッシブ賞の作品がずいぶん健闘していたと感じました。トゥシューズのサイズ表示が輸入商品だと異なることに目をつけてサイズの早見表をDMにしたチャコットの作品。あれは店頭に持っていきたいと思わせる価値のある情報ですし、顧客の来店をうまく促していると感心しました。

ルディー：飛鳥ドライビングカレッジ川口は免許を取得したい高校3年生と保護者に連名でDMを出していました。教習所に通うための費用は親が出すわけですから、お財布のひもを緩める許可者となる保護者へのアプローチは、子どもの教育商材を扱う業界では常套手段ですが、教習所のDMとしては初めてじゃないでしょうか。異業種、異業態の訴求方法を分析し、上手に応用したよい例だったと思います。

大槻：選にもれてしまいましたが、中京学院大学がLINEを使って資料請求してくれた人に大学を好きになってもらうためのコミュニケーションを仕掛けた作品をはじめ、面白い挑戦が多かったですね。また、スウェーデンハウスはバランスのいいよいコピーワークをしていました。

細野：それから京田クリエーションの暑中見舞いハガキ！ 古典的なギミックでしたが、個人的に「欲しい」と思いました。自分で動かすレトロ感がかえって新鮮。記憶に残るDMになっていました。

向田：洗練されたデザインや映像の美しさに頼りすぎているDMが増え、パッケージとしての訴求レベルは応募作品に限らず年々高度になっています。逆に言葉にしてまっすぐ届けるという原点回帰の意味では、プログレッシブ賞によい作品が多いように感じます。

ルディー：これは私の憶測かもしれませんが、制作をプロのクリエーターにまかせっきりにしている面もあるのかもしれないですね。DMというのは「私信」です。受け手の気持ちを心から心へ伝えるもの。お客さまのことを本当に考えて作られたものは必ず伝わります。DMの作り手には「お客さまの顔を思い浮かべて作る」ことをぜひとも忘れないでいただきたいと思います。

嶋口：広告的な情報の鮮度に頼ったDMでなくても、「あ、可愛いな」と思ったり、ほのぼのしたり、受け手の心が動いて気持ちを豊かにさせるような作品がやはり強いと感じさせる審査でした。

毎日、いち生活者としてたくさんのDMを受け取ります。いまは分析やマーケティングによって高度な戦略の下に制作・実施しているDMが増えてきています。ただ、どんなに完成度が高くても受け取った側が、「なんとなく手元に残しておこうかな」と感じる、心を動かすようなものが最終的にいいDMなのではないか。そんなことを改めて感じました。ありがとうございました。

目的が明確で 紙だからできる 表現が増えました
佐藤義典

顧客を大切に思う 気持ちが 伝わるコピーを
大槻陽一

私信の良さを 伝える中小企業の 活躍が目立ちました
ルディー 和子

審査委員紹介 (順不同・敬称略)

❖ 審査委員長

嶋口 充輝　日本マーケティング協会理事長、慶應義塾大学名誉教授

過去のノウハウの蓄積でしょうか。年々、作品のレベル水準が高くなっていると感じます。各企業が賞狙いで豪華さを競い合っていた時代とは変わり、近年は戦略性の高さやロジカルな手法に訴える質的レベルが飛躍的に上がったという印象です。審査委員長としては喜ぶべきでしょうが、その「そつのなさ」にどこか物足りなさを感じることも事実。「2〜3日でも手元にとっておこうかな」と思わず保管したくなるDMにこそ、DMが本来持っている魅力が潜んでいるのではないでしょうか。「これはいいな。可愛いな」とほのぼのと心が動く。そんなところに原点があるのではないか。改めてそんなことを感じました。

❖ 最終審査委員

明石 智子
電通ワンダーマン
ダイレクトソリューション部
ソリューションエンハンスメントグループ
グループマネージャー

さまざまな分野からの応募があり、業態や業界のジャンルも幅広く、選び甲斐がありました。今年は、目的達成のための「気持ち」へのこだわりを重視して審査をしました。たとえば、二度目の購入に至らない顧客のリテンション目的のDMならお客さまのかゆいところに手が届く訴求になっているか、企業の顔が見える構成になっているかなどです。次回はより「つなぎ」として機能するコピーや仕掛けの在り方に期待します。

伊澤 正行
ディーエムネットワーク
代表取締役会長 CEO

時系列展開や外資系が得意とする戦略性など、年々高度になって精緻化されている一方で、新鮮味に欠ける点が浮き彫りになってきました。DMは届けた相手に読んでもらいたいという目的のため、つい商売を打ち出したつくりになりがち。だからでしょうか、印刷コストをかけなくても、シンプルに「会社のことをもっとよく知ってもらいたい」という熱意や作り手の人柄がにじみ出た作品がかえって新鮮に感じられました。

大槻 陽一
大槻陽一計画室
ワード・アーキテクト

業界、業態ともにバラエティに富んだ応募作品群でしたが、「物足りなさ」が否めませんでした。デザインレベルが高度に洗練されているのに、コピーが使い回しの常套句にすぎない作品や、顧客の気分をよくする言葉の工夫がない作品が目立ちました。「シンプルイズベスト」ではありませんが、いい意味で枠を外し、受け手にサプライズをもたらすような作品を期待しています。

佐藤 義典
ストラテジー&タクティクス
代表取締役社長

「何となく出す・作る」のではなく、企業・商品の課題を明確に定義した上で、その解決策として作られたDMが増えています。数値分析や「勝ちパターン」がしっかりできているDMが多かったのは素晴らしいです。一方、時系列の複数配信展開が増えているのは良いとして、見せ方が画一的になりつつあることが少し残念。DMはカタチ・材質などに様々な選択肢がありますので、ぜひ工夫をこらしてください。

椎名 昌彦
JPメディアダイレクト
取締役ソリューション事業本部長
日本ダイレクトメール協会 専務理事

ここ数年、DMの総合力の底上げは目覚ましく、完成度と精緻化を極めるアプローチには毎回感心させられます。一方であと少しのアイデアのジャンプがあればもっと面白くなったのに、と思える作品がありました。パッケージのインパクトに中身の仕掛けが伴わない作品が目立ったのは今年の傾向でしょうか。
個人的には、これまでにない「新機軸」の登場を期待します。

細野 晴義
ニューロ・テクニカ代表取締役社長
兼マーケティングプランナー
日本脳電磁図トポグラフィ研究会
評議員

一言、今年は面白かったです。「この手があったか!」と意外な驚きがあった審査でした。時系列展開や他メディアとの連動という手法がずいぶん浸透し、こなれてきた中で、あえてセオリーを外した、いい意味でバカバカしさのある作品や、次世代とのつながりを意識した「DM新時代」の萌芽とも言うべき制作者の世代交代を思わせる新しい兆しを予感させる作品もありました。

向田 裕
通販クリエイティブディレクター・
コピーライター

DMのクリエイティブに関して、訴求レベルの水準は高いものの、映像やデザイン造形のインパクトに頼りすぎる傾向にあるのではないか、戦略としてのコピーが弱いのではないか、と感じました。手書き風手紙のアプローチなど古典的な手法がかえって新鮮に映る反面、宛名は手書きでもやはり文面は可読性のよさを考えて印字にするなど、「伝わりやすさ」をもう少し考慮してはどうか、と思う作品もありました。

ルディー 和子
マーケティング評論家
立命館大学経営大学院教授
日本ダイレクトマーケティング学会
副会長

既存顧客のロイヤリティ化や見込み客へのシリーズ展開が目立ち、新規客獲得DMよりもコストがかけられる分、質のよい作品が多かったように思います。事前テストの実施や効果測定に基づいたセグメンテーションなど科学的手法のレベルは確実に底上げされましたが、本来あるべき、個人から個人に心を伝える「私信」としてのDMの役割を忘れないでいただきたいですね。受け手である、お客さまのお顔を思い浮かべて作ってほしいです。

鶴田 信夫
日本郵便
執行役員

効果最大化のため、ターゲットを明確にし、相手によって訴求内容を変えるなど工夫を凝らした作品が多かったようです。グランプリをはじめBtoBビジネスでの活用例も増えました。やや専門的なニーズに対して、まとまった情報を効果的に訴求できる点でDMは有効です。また、サービスの供給元がサービスを利用する事業者に対して、「消費者の声」をDMとして送るなど、活用の幅がさらに広がっていると感じました。

❖ 二次審査委員

飯塚 正博
博報堂DYメディアパートナーズ
ダイレクトマーケティングビジネスセンター
センター長代理

昨年と比べ、DM起点で複数メディアをクロスする展開がやや少なくなった一方で、DM単体で感情に訴え、行動喚起を誘発する内容のものが増えたと感じました。DMは一人ひとりに向けたものであり、お客さまとのエンゲージメントを深めたいと思う企業様の気持ちが、DMの重要な機能である「感情に訴える」にフォーカスさせたのかもしれません。

岩野 秀仁
エムアールエム・ワールドワイド
デジタルマーケティンググループ
CRMプランニングディレクター

消費増税の影響か、新規顧客の獲得よりも、既存顧客とコミュニケーションを深め売上げにつなげようという意図のDMが多いと感じました。そういう意味でもDMというのは、経済状況や世相を表しています。またDM＋他メディアの組み合わせはもはや当たり前、今後は単に組み合わせるだけではなく、組み合わせた相乗効果により今まで以上の結果につながるかを深く考える必要があります。

加藤 剛
大広 東京本社
アクティベーション
デザインユニット
クリエイティブディレクター

応募作品には、仕組み自体にアイデアがあるものもあれば、キャンペーンの告知から、来店や購買といった生活者の行動を喚起するためのストーリーがよく練られているものもたくさんありました。上位に残ったのは、その二つの組み合わせが機能していたり、シンプルな表現アイデアでストーリーを伝えさらに行動を促すものであったと感じます。

篠崎 直人
トッパンフォームズ
企画本部 企画開発部
ダイレクトマーケティング・ストラテジスト

上位に残った作品の多くは、対象となる顧客のインサイト分析に基づく仮説設定と、受け取った際の心理や行動を想定したクリエイティブ設計のバランスが優れていたと思います。
戦略設計に注力して効果をあげるDMが増えてきているだけに、クリエイティブのアイデアだけで勝負するにはよほど気の利いたサプライズ演出が必要だと感じました。

鈴木 隆士
ジェイアール東日本企画
企画制作本部　プロモーション局
プロモーション第二部　部長

本当に大切なお客さまに情報を伝える手段としてDMを採用し、顧客コミュニケーションツールとして活用している企業が多く、その想いが非常によく伝わってきました。一方でDMをクロスメディア施策として有効に機能させるという作品は少なかったように感じました。ウェブ等も活用した他メディアと連動性の高いDMの応募作品が増えることを今後期待します。

横山 猛
アサツー ディ・ケイ
ダイレクトビジネス本部
統合プランニング局 データソリューション室室長
プランニングディレクター

審査中「こんな仕掛けでこれだけレスポンスがあったのか」「こんなやり方があったのか」と、発見がありました。私も普段、PDCAを回す仕事に多数携わっていますが、劇的な効率改善にはクリエイティブの力が大きいと実感しています。一言で新しいアイデアと言うのは簡単ですが、それを実現している作品に触れ、改めてクリエイティブの可能性を感じました。

吉川 景博
フュージョンDMC
代表取締役

昨年に比べて見せ方や仕掛けなどに凝った自動車関連のDM作品が多いことが印象的でした。景気の影響か、全体的に予算をかけたものが多く、昨年の応募傾向とは違う流れです。また、Eメールなどではなく、「あえて紙で送る・伝える」ことに意味があることが感じられるDMが多かったのは、今後に向けてよい傾向と感じました。

米村 俊明
電通
ダイレクトマーケティング・ビジネス局
CRMソリューション部
部長

デジタル時代だからこそ、「紙」媒体ならではの強みが発揮された作品には驚きと新鮮さが感じられました。ビジネスである以上、データ活用による戦略立案やレスポンス獲得のためのテクニックも重要ですが、「個人に宛てた手紙」という原点に立ち返って、読む気にさせるビジュアルや、受け手の心を揺さぶる強いメッセージの作品が増えることを期待します。

貞島 道浩
日本郵便
郵便・物流商品サービス企画部
担当部長

さまざまなメディアの中にどのようにDMの役割を位置付けて活用しているのか、に注目しました。選考に残った作品は、解決しようとする課題を正しくとらえた上で、それに合致した制作プロセスとなっていることで、結果として受取人にしっかりリーチできていると感じました。今回の作品から、今後DMの有効活用を訴求していく上でのヒントを発見できたように思います。

❖ 第29回全日本DM大賞　概要

募集期間 ……… 2014年10月15日から11月30日(当日消印有効)まで
募集作品 ……… 2013年11月1日から2014年10月31日までに制作され、実際にDMとして発送されたもの
応募資格 ……… DMの広告主(差出人／スポンサー)、DMの制作者(広告代理店、制作プロダクション、印刷会社など)
応募総数 ……… 720点

❖ 審査過程

一次審査 ……… 2014年12月上旬
応募書類による審査

二次審査 ……… 2014年12月中旬
9人の二次審査委員によるスコアリング

最終審査 ……… 2015年1月中旬
10人の最終審査委員によるスコアリング、協議および投票

全日本DM大賞	プログレッシブ賞
142点	16点
53点	12点
入賞24点	入賞8点

スコアリング方法
応募されたDM、および応募用紙記載情報に基づき、「戦略性」「クリエイティブ」「実施効果」の3項目について、各審査委員が5段階で評価。

入賞作品の決定
最終審査の総得点順に1位から4位を金賞、5位から12位を銀賞、13位から24位を銅賞とした。金賞4作品の中から、協議と投票によりグランプリを選出。また、グランプリを除く銅賞以上の作品の中で、各項目別の得点に基づく上位作品から協議と投票により、「審査委員特別賞」(クロスメディア部門、クリエイティブ部門、実施効果部門それぞれ1作品)を選出した。また、アイデアの種としてキラリと光る作品や低予算でも知恵にあふれている作品、中小企業や小売店もお手本とできるような作品を表彰するプログレッシブ賞8作品を選出した。

第2部

ヒト・モノが動く！
効果の上がるDMの秘訣

DMの最新潮流 デジタル時代のDMのありかたと今後の可能性 ● P.88

DMの位置づけ
メディアの役割の変化
オムニチャネル、クロスメディア時代のDM
通販業界におけるDMの利用状況

資料 DMに関する生活者調査 ● P.90

DMの閲覧度合い
DM内容別・熟読度合い
DM接触後にとった行動
DM接触後に行動をとった理由
宛名に対する意識
請求書・明細書の同封物への意識
Webサイトリンク記載の場合の行動
紙媒体とそのほかのどちらで受け取りたいか
DMで受け取りたい情報内容比較
DMで受け取りたい業種比較

DM最新潮流
デジタル時代のDMのありかたと今後の可能性

さまざまなデジタルメディアが登場する中で、五感に訴えるダイレクトメール（DM）の特長があらためて注目されている。近年の応募・受賞作にデジタル関連企業からのものが目立つことや、自動車、住宅関連などにおいて、顧客との関係を深めるために質感を重視したDMが増えてきたことなどはその証左とも言える。ここでは、デジタル時代におけるDMの役割と特に活用が目立つ通販業界におけるトレンドを考察する。

DMの位置づけ

あらためてDMの使われ方、目的を整理してみると基本的には個人・法人の既存や見込み顧客（自社で送付先情報を有する）に対して商品、サービスの案内、カタログなどを送付する宣伝、販売促進、あるいは営業支援のツールと言える。

DMはインターネットが現れるまでは顧客に対して直接、働きかけることができる唯一のツールであったことが特徴であり、小売、サービス業、公共的な機関など、広く使われてきた。その機能的手法と構成および考え方の基本がダイレクトマーケティングであり、マスメディアとは異なり効果測定が可能であることが特徴でもある。

メディアの役割の変化

インターネット利用者の急増はメディア全体の構造を大きく変えている。つまりマスメディアを中心とした情報収集では消費者は受け手としての位置づけであるが、インターネットを利用することで情報を能動的に取りに行けることが大きく変化した点である。さらにSNSにより消費者間の情報のシェア（共有）が行われる。これまでの送り手主体の情報提供は消費者主体に変わりつつある。

とはいえマスメディアの機能がまったく無くなるというわけではなく、商品やサービスを認知するための発端である機能は失われたわけではない。このようにメディア全体は送り手からの情報提供と消費者サイドの情報発信・共有という多様性を成しており、企業側としては以前に比べて消費者サイドの視点に立った情報提供を心掛ける必要が出てきたとも言える。インターネット登場以前でもマス媒体、そしてコミュニケーションツールとしてのDMなどのメディアミックスという思考はあった。しかしインターネットが大きな位置を占めるにあたって、それまでのメディア、コミュニケーションツールの役割、位置づけを見直す必要がでてきたのである。

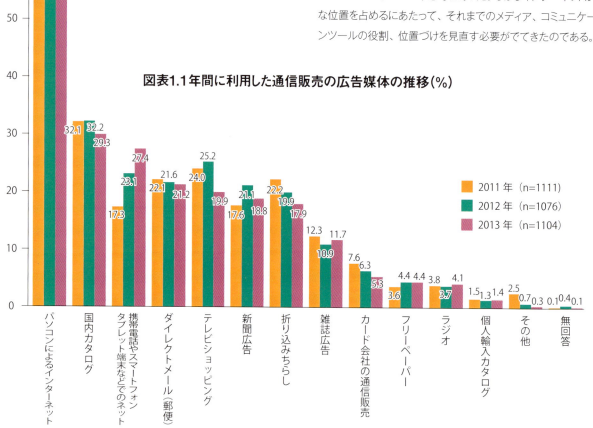

図表1.1年間に利用した通信販売の広告媒体の推移(%)

figure 2. DM（リーフレット）の年間発行部数

単位：万部
（　）内：中央値

		2013年度	2012年度	増加率(%)
全体(n=104)		116　(27)	82　(20)	41.5
業種	専業(n=48)	204　(76)	139　(42)	46.8
	兼業(n=56)	41　(12)	38　(12)	7.9
売上高	3億円未満(n=33)	8　(5)	6　(4)	33.3
	3億～10億円未満(n=25)	37　(21)	32　(21)	15.6
	10億～40億円未満(n=23)	78　(60)	68　(50)	14.7
	40億～100億円未満(n=14)	230　(185)	304　(225)	-24.3
	100億円以上(n=8)	647　(460)	329　(200)	96.7

オムニチャネル、クロスメディア時代のDM

　こうしたインターネット利用が中心となった現在、一方的な企業側の顧客へのメッセージはたやすく、その裏付けを得ることが可能ともなった。確かにインターネットが顧客サイドの情報収集の道具として一般的にはなった。しかしDMは、企業側からの送達手段として顧客との継続的な関係を築く視点ではインターネットにはない特性を持っている。なによりも五感に訴求できるDMのリアル感覚である。Eメールではよほどタイトルに刺激的な見出しがなければ開封しない。DMは紙上で展開される開けるための仕掛け、中に封入されるものによる説得性など、デジタルにないものを持っている。インターネットはあくまで利用者本位の情報検索性が評価されているものであり、DMは企業側からの顧客への情報提供とオファーが重要な機能となっており、何をしてほしいのか具体的に示している。デジタル化に慣れ親しんだ利用者にとっても、こうしたアナログ的かつリアルなDMの存在感はむしろ高まり、次の行動がわかりやすいものとなっている。こうしたことから、クロスメディア時代のDM活用の目的とはアクションにつなげることであると言える。

　一方、DMの課題も散見される。1つ目が期待と内容のギャップである。たとえば箱型のDMが昨今みかけられるが「何事か？」と受け取った顧客は驚き、中を確認する。しかし通り一遍の商品・サービス案内が入っているだけで外見による期待感に比較して落胆する場合もある。ギミックの評価とは別に中身としてのメッセージ性、訴求力を出す必要があるだろう。仕掛けは常に顧客ターゲットを想定してのシナリオが必要となるのだ。

　2つ目が、デザイン、仕掛けとともにDM本来の重要性でもあるコピーのスキルの問題である。たとえばかつてのDMは仕掛けがなくてもレターだけで感動したものが創られていた。DMの書き方（コピー）をもう一度、見直すことが必要ではないだろうか。またレター以外の商品広告などにおけるコピーにも個性がなくなっているように感じる。デジタルの対にあるDMは人の印象と同様、そのメッセージの訴求力が、印象度としての重さにかかわってくる。DMの作り手がデジタル化した生活に依存してしまうことでコピー能力が劣るわけではあるまいが、関係者の奮起を望みたい。オムニチャネル、クロスチャネルといっても受け手にとっての情感は普遍的なものであり、顧客視点に立った作り方を意識する必要があるだろう。

通販業界におけるDMの利用状況

　通販利用者における媒体別の利用状況（JADMA「第21回全国通信販売利用実態調査」）（figure 1）を見ると、2013年でもっとも利用割合が高いのは「インターネット（PC）」で57.5％となっており第2位の「カタログ」のおおよそ倍の利用割合を示している。第3位には「携帯端末」が27.4％となり、2011年から約10％の上昇を示している。インターネット（PC）が微減の状況と合わせてネット利用者におけるPCから携帯端末へのシフトが起こっていることが特徴である。第4位に「ダイレクトメール」が入っているが、ここ数年微減とはいえインターネット利用が通信販売の中心となっていることを考えれば、健闘していると言える。

　その背景には第1に商品アイテムにおいて、総合的な品ぞろえから単一商品を扱う単品系企業の増加が挙げられる。第2に既存顧客のリテンション（維持・囲い込み）を重視する傾向がある。新規顧客獲得コストの増加により既存顧客の離脱を防ぐことの重要性が高まっており、さらには紙媒体をきっかけに顧客となった利用者はDMとの相性がよいことも考えられよう。

　DMの発行部数についてみるとJADMA会員社における年間発行部数の2013年度の平均は116万部で前年度より41％の増加となっており、特に通販専業社の伸びが顕著である（figure 2）。また年間の発行種類をみると、18.3種類で前年度の15.8種類から増加している。前述した通りリテンション志向の結果としてDMの利用者層別、目的別、商品別などの分類の増加が背景となっているものとみられる。たしかにインターネット利用者の増加は購買行動に大きな影響を与えており、たやすく同一商品の再選択、ユーザー評価などの情報が得られることから商品のスイッチが行われやすくなり、継続顧客の維持が従来より難しくなっていると言われている。そのような顧客層を意識したDMの機能を再構築することが求められているとも言えよう。

　あくまでもDMは顧客との関係性を築く1つのツールであるならば、時代背景、環境とともにその機能は進化しつつ変化しなくてはならない。インターネット時代におけるDMの位置づけ、方向性の模索はここ数年のテーマとも言えるが、①ネットを意識するばかりに顧客視点を置き忘れることはないか。②単発のレスポンス率のみでの評価に終わることなく、長期的視点に立つ顧客との関係性、顧客の育成を背景とした戦略性に基づいたプログラムであるか。これらを見直す必要が大いにある。

（日本通信販売協会 理事　柿尾正之）

資料

DMに関する生活者調査

DMを使った効果的なプロモーションのためには、受取人である生活者のことを知る必要がある。ここでは、日本郵便が実施した生活者の意識調査データを収録した。生活者がDMに対してどのような意識を持っているのか、データから読み解いてみよう。

日本郵便が実施した
全国インターネット調査をもとにグラフ化。

- ●調査期間　2014年12月25日～12月26日
- ●調査対象　20歳以上の男女
- ●調査対象数　1000人

調査協力：マクロミル

グラフ1
DMの閲覧度合い【自宅】
自宅に届いたDMの90％が見られている

自宅に届いたDMの閲覧度合いは、「差出人を見て気になったものは見る」が、44.5％と最も多く、「全部見る」は22.1％、「流し読み程度」は24.6％、「ほとんど見ない」が8.8％となった。

■全部見る　■差出人を見て気になったものは見る　■流し読み程度　■ほとんど見ない
（単位：％）

全部見る	差出人を見て気になったものは見る	流し読み程度	ほとんど見ない
22.1	44.5	24.6	8.8

グラフ2
DMの閲覧度合い【職場】
DMは「全部見る」「気になったものは見る」で40％を超える

職場でのDMの閲覧度合いを見ると、「ほとんど見ない」が35.9％と最も多く、「差出人を見て気になったものは見る」26.7％、「流し読み程度」23.5％、「全部見る」13.9％と続く。DMの閲覧度合いは、自宅においては「見る」という回答が9割を超えているが、職場においては「全部見る」「差出人を見て気になったものは見る」の合計が4割で、「ほとんど見ない」という回答が3割以上となる。閲覧度合いを考慮すると、自宅への送付が望ましいと言える。

■全部見る　■差出人を見て気になったものは見る　■流し読み程度　■ほとんど見ない
（単位：％）

全部見る	差出人を見て気になったものは見る	流し読み程度	ほとんど見ない
13.9	26.7	23.5	35.9

グラフ3
DM内容別・熟読度合い【自宅】
利用明細・行政情報などの熟読度合いが高い

自宅で受け取るDMについて内容別に熟読度合いを調査したところ、「しっかりと目を通す」DMとしては「サービスの利用明細や請求書」が45.9％と最も高く、続いて「行政からのお知らせ」36.3％となった。多くが「全体的にざっと目を通す程度」という回答が最も高い割合であるが、「獲得ポイント等のお知らせ」「クーポン・試供品のプレゼント」「会報紙／会報誌」は、「重要なところは、しっかり読み、他はざっと目を通す」が高い割合となった。利用金額や自身の生活とかかわりの深い情報は熟読度合が高い結果となった。

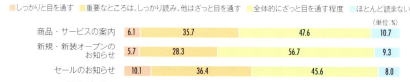
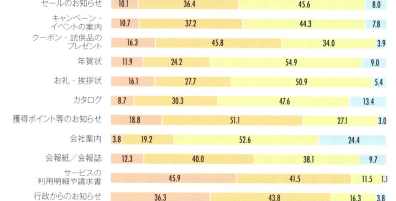

■しっかりと目を通す　■重要なところは、しっかり読み、他はざっと目を通す　■全体的にざっと目を通す程度　■ほとんど読まない
（単位：％）

内容	しっかりと目を通す	重要なところは、しっかり読み、他はざっと目を通す	全体的にざっと目を通す程度	ほとんど読まない
商品・サービスの案内	6.1	35.7	47.6	10.7
新規・新装オープンのお知らせ	5.7	28.3	56.7	9.3
セールのお知らせ	10.1	36.4	45.6	8.0
キャンペーン・イベントの案内	10.7	37.2	44.3	7.8
クーポン・試供品のプレゼント	16.3	45.8	34.0	3.9
年賀状	11.9	24.2	54.9	9.0
お礼・挨拶状	16.1	27.7	50.9	5.4
カタログ	8.7	30.3	47.6	13.4
獲得ポイント等のお知らせ	18.8	51.1	27.1	3.0
会社案内	3.8	19.2	52.6	24.4
会報紙／会報誌	12.3	40.0	38.1	9.7
サービスの利用明細や請求書	45.9	41.5	11.5	1.1
行政からのお知らせ	36.3	43.8	16.3	3.8

グラフ4
DM内容別・熟読度合い【職場】
ポイント情報や商品・サービスの内容などを熟読

職場に届くDMの内容別の熟読度合いで、「しっかり目を通す」という回答が自宅より高いのは「獲得ポイント等のお知らせ」が36.4％。このほか「商品・サービスの案内」「セールのお知らせ」「お礼・挨拶状」などが自宅に比べ高い結果となった。職場においても特定の内容のDMは、ある程度時間を割いて読まれている。

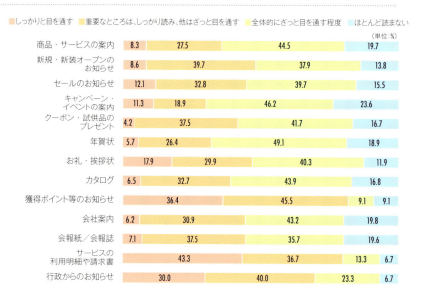

■しっかりと目を通す　■重要なところは、しっかり読み、他はざっと目を通す　■全体的にざっと目を通す程度　■ほとんど読まない
（単位：％）

内容	しっかりと目を通す	重要なところは、しっかり読み、他はざっと目を通す	全体的にざっと目を通す程度	ほとんど読まない
商品・サービスの案内	8.3	27.5	44.5	19.7
新規・新装オープンのお知らせ	8.6	39.7	37.9	13.8
セールのお知らせ	12.1	32.8	39.7	15.5
キャンペーン・イベントの案内	11.3	18.9	46.2	23.6
クーポン・試供品のプレゼント	4.2	37.5	41.7	16.7
年賀状	5.7	26.4	49.1	18.9
お礼・挨拶状	17.9	29.9	40.3	11.9
カタログ	6.5	32.7	43.9	16.8
獲得ポイント等のお知らせ	36.4	45.5	9.1	9.1
会社案内	6.2	30.9	43.2	19.8
会報紙／会報誌	7.1	37.5	35.7	19.6
サービスの利用明細や請求書	43.3	36.7	13.3	6.7
行政からのお知らせ	30.0	40.0	23.3	6.7

グラフ5

DM接触後にとった行動【自宅】

DM接触後に多い行動は「購入・利用」「来店」「ネットで調べる」

自宅で受け取ったDMについて、DM接触後に何らかの行動を起こした人に、どのような行動を取ったのかを業種別に聞いた。その結果、「商品・サービスの利用」「来店」「ネットでの検索」の3つの行動が多い結果となった。これは、受け取るDMに対して生活者がどのような情報を求めているかが反映された結果でもあるので、企業側は自社のDMに、行動に結び付きやすい情報・仕掛けがなされているかを確認することが求められる。

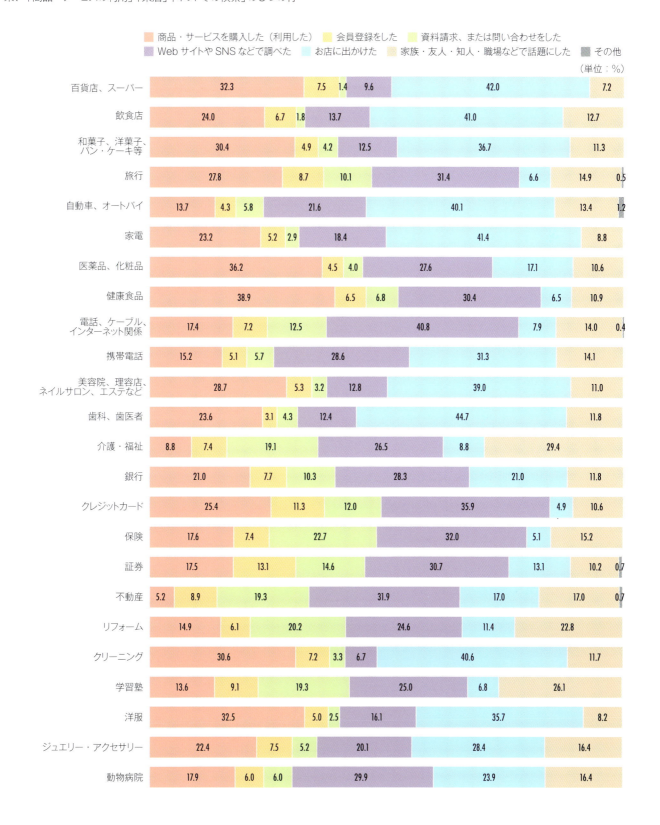

凡例: 商品・サービスを購入した（利用した） / 会員登録をした / 資料請求、または問い合わせをした / Webサイトや SNS などで調べた / お店に出かけた / 家族・友人・知人・職場などで話題にした / その他 （単位：%）

業種	購入	会員登録	資料請求	Web調査	来店	話題	その他
百貨店、スーパー	32.3	7.5	1.4	9.6	42.0	7.2	
飲食店	24.0	6.7	1.8	13.7	41.0	12.7	
和菓子、洋菓子、パン・ケーキ等	30.4	4.9	4.2	12.5	36.7	11.3	
旅行	27.8	8.7	10.1	31.4	6.6	14.9	0.5
自動車、オートバイ	13.7	4.3	5.8	21.6	40.1	13.4	1.2
家電	23.2	5.2	2.9	18.4	41.4	8.8	
医薬品、化粧品	36.2	4.5	4.0	27.6	17.1	10.6	
健康食品	38.9	6.5	6.8	30.4	6.5	10.9	
電話、ケーブル、インターネット関係	17.4	7.2	12.5	40.8	7.9	14.0	0.4
携帯電話	15.2	5.1	5.7	28.6	31.3	14.1	
美容院、理容店、ネイルサロン、エステなど	28.7	5.3	3.2	12.8	39.0	11.0	
歯科、歯医者	23.6	3.1	4.3	12.4	44.7	11.8	
介護・福祉	8.8	7.4	19.1	26.5	8.8	29.4	
銀行	21.0	7.7	10.3	28.3	21.0	11.8	
クレジットカード	25.4	11.3	12.0	35.9	4.9	10.6	
保険	17.6	7.4	22.7	32.0	5.1	15.2	
証券	17.5	13.1	14.6	30.7	13.1	10.2	0.7
不動産	5.2	8.9	19.3	31.9	17.0	17.0	0.7
リフォーム	14.9	6.1	20.2	24.6	11.4	22.8	
クリーニング	30.6	7.2	3.3	6.7	40.6	11.7	
学習塾	13.6	9.1	19.3	25.0	6.8	26.1	
洋服	32.5	5.0	2.5	16.1	35.7	8.2	
ジュエリー・アクセサリー	22.4	7.5	5.2	20.1	28.4	16.4	
動物病院	17.9	6.0	6.0	29.9	23.9	16.4	

グラフ6
DM接触後に行動をとった理由【自宅】
タイミングと関心の高い内容であるかがカギ

DM接触後に何らかの行動を起こした人に、行動の理由を聞いた。すると割合が高かったのが「ちょうど良い（欲しい・行きたい）タイミングだったから」や、「自分の知りたい内容が記載されていたから」といった項目。つまり、受け取るタイミングと内容の関連性の高さが備わっていることが、行動を引き起こす要因と言える。したがって割引などのオファーは、受取手に本当にインセンティブとして認識されているかを見極める必要がありそうだ。一方で、コピーやデザインにおいては行動の理由としての回答はあまり高くなかった。

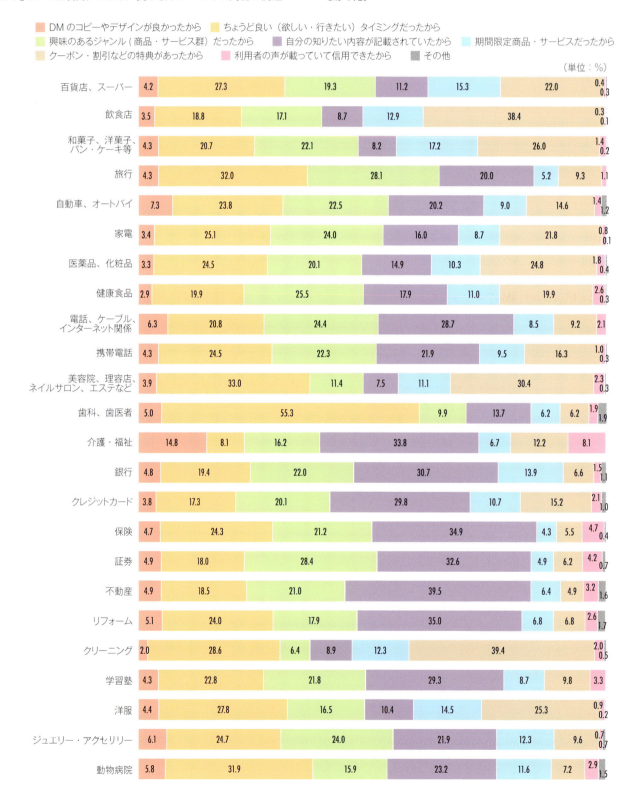

グラフ7

DM接触後にとった行動【職場】

**職場で接触したDMは
その後の「情報取得」行動を促す**

DM接触後に何らかの行動を起こした人に、どのような行動を取ったのかを聞いたところ、「商品・サービスを購入した（利用した）」が23.4%となり、それに「Webサイトや SNS などで調べた」22.6%、「資料請求、または問い合わせをした」19.2%と続いた。職場で受け取るDMは、仕事に関連することが多いからか、その後に「情報を取得する」行動が喚起されやすい。一方で、「お店に出かけた」も13.5%となっており、これは、職場近くにある店舗のDMは自宅ではなく会社に届ける形にしている可能性も考えられる。

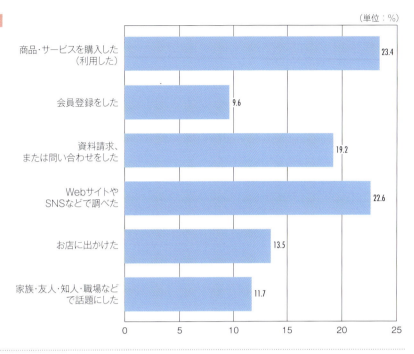

グラフ8

DM接触後に行動をとった理由【職場】

仕事との関連性が行動につながる

職場でのDM接触後に何らかの行動を起こした理由としては、「興味のあるジャンルだったから」が53.7%と最も高い割合となった。それに「ちょうど良い（欲しい・行きたい）タイミングだったから」41.0%、「自分の知りたい内容が記載されていたから」38.1%と続く。一方で、クーポンや期間限定といったオファーが行動の理由という回答は低い。職場で受け取るDMにおいては、仕事との関連性が行動喚起を大きく左右すると言える。

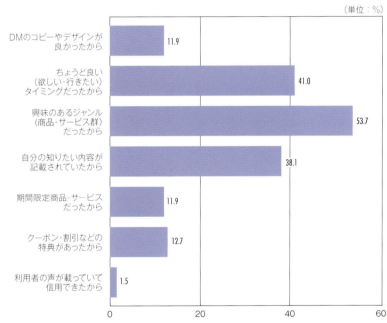

グラフ9

宛名に対する意識

約7割が宛名の有無を意識

自宅に届いたDMの宛名の有無について「まあ意識している」が43.3%、「意識している」が24.8%と、意識しているという回答が7割弱となった。一方で、「あまり意識していない」は25.9%、「まったく意識していない」は6.0%となり、多くの人が宛名があるかどうかをある程度重視していることがわかった。

意識している	まあ意識している	あまり意識していない	まったく意識していない
24.8	43.3	25.9	6.0

グラフ10
請求書・明細書の同封物への意識
8割近くが「目を通す」と回答

請求書や利用明細などに同梱されている広告物に対しては、8割近くが「目を通す」と回答。つまり、請求書や明細書は閲覧性が高いコミュニケーションツールになり得ると考えられる。したがって、同一のものを送るのではなく、セグメント情報を追加することで読み手の興味喚起や行動につなげられる可能性がある。

グラフ11
Webサイトリンク記載の場合の行動
気になるワードが書かれていれば検索する傾向

DMにWebサイトへのリンク等が記載されている場合の閲覧について聞いたところ、いずれも「ほとんど閲覧しない」が最も高い回答となった。ただ、「検索キーワードで検索しての閲覧」については、「気になったものは閲覧する」が45.5%となっており、DMにおいて気になるワードを検索するという行為が一般的になってきていることがうかがえる。

グラフ12
紙媒体とそのほかのどちらで受け取りたいか
DMを紙で受け取りたいという意識も根強い

同じ内容のDMを受け取るとしたら、紙とそのほかの媒体とどちらで受け取りたいかを聞いたところ、内容にかかわらず「何でもよい」という回答が45%以上となっている。また、すべての項目において「そのほかの媒体で受け取りたい」よりも「DMで受け取りたい」の割合が高く、紙のDMで受け取りたい人が多いことがわかった。

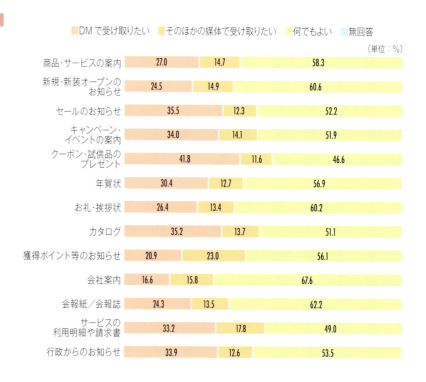

グラフ 13

そのほかの媒体の詳細

「Eメール」「インターネット」の割合が高い

グラフ12で「そのほかの媒体で受け取りたい」と回答した人に、「具体的にどの媒体で受け取りたいのか」を聞いたところ、「Eメールで受け取りたい」「インターネットで見たい」という回答の割合が高い結果となった。

広告主から顧客、見込み客にメッセージ発信する媒体選びは、コスト重視という理由が多いようだが、実は、受け取る側が好む媒体が何であるのかを知ったうえで、コミュニケーションのタイミング、頻度、内容を考えることが大切と言える。

グラフ 14

DMで受け取りたい情報内容比較【自宅】

クーポン、セールなどお得情報を希望

自宅で受け取るDMについて、今後受け取りたい内容について聞いたところ、「クーポン・試供品のプレゼント」58.7％、「セールのお知らせ」54.4％、「キャンペーン・イベントの案内」50.1％の3項目が高い割合となった。4番目の「商品・サービスの案内」は40.0％なので、生活者はDMに対してお得な情報を求めているという結果となった。

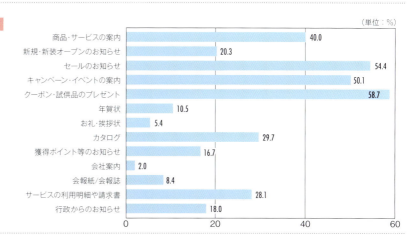

グラフ 15

DMで受け取りたい情報内容比較【職場】

仕事内容に関するDMを希望

職場で受け取るDMについては、「商品・サービスの案内」が34.5％、「キャンペーン・イベントの案内」が23.0％、「カタログ」21.0％が上位3項目となった。接触後の行動理由にも見られたように、仕事に関連する内容のDMが望まれていることがわかった。

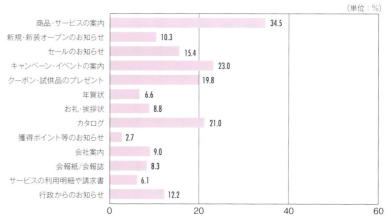

【事例で学ぶ】
成功するDMの極意
全日本DM大賞年鑑2015

発行日	2015年3月31日　初版第一刷発行
編集	宣伝会議
編集協力	日本郵便
協力	JPメディアダイレクト
発行者	東 英弥
発行所	株式会社宣伝会議
	〒107-8550
	東京都港区南青山5-2-1
	TEL.03-6418-3328（編集）
	TEL.03-6418-3320（販売）
	URL　http://www.sendenkaigi.com/
表紙デザイン	東京パブリシティー
本文レイアウト	株式会社アイフィス
執筆協力	柿尾正之（日本通信販売協会）
	貞島道浩（日本郵便）
	谷田貝正人（日本郵便）
	中垣征也（日本郵便）
印刷・製本	光村印刷株式会社

ISBN978-4-88335-329-3　C2063

©JAPAN POST SERVICE Co.,Ltd.　2015 Printed in JAPAN

定価はカバーに表示してあります。
落丁・乱丁本はお取り替えいたします。
本書の一部または全部の複写（コピー）・複製・転訳載および磁気などの
記録媒体への入力などは、著作権法上での例外を除き、禁じます。
これらの許諾については、発行所までご照会ください。